Westalgarve

Zentralalgarve

Ostalgarve

Blick vom Praia do Vau bei Portimao (Tour 8) zum Praia da Rocha mit seinen markanten Hochhäusern

Algarve

Alle Informationen, schriftlich und zeichnerisch, wurden nach bestem Wissen zusammengestellt und überprüft. Sie waren korrekt zum Zeitpunkt der Recherche. Eine Garantie für den Inhalt, z. B. die immerwährende Richtigkeit von Preisen, Adressen, Telefon- und Faxnummern sowie Internetadressen, Zeit- und sonstigen Angaben, kann naturgemäß von Verlag und Autor – auch im Sinne der Produkthaftung – nicht übernommen werden.

Der Autor und der Verlag sind für Lesertipps und Verbesserungen (besonders per E-Mail) unter Angabe der Auflagen- und Seitennummer dankbar.

Dieses OutdoorHandbuch hat 160 Seiten mit 70 farbigen Abbildungen, 33 farbigen Kartenskizzen im Maßstab 1:25.000/50.000/75.000 sowie 23 farbigen Höhenprofilen und einer farbigen, ausklappbaren Übersichtskarte. Es wurde auf chlorfrei gebleichtem, FSC®-zertifiziertem Papier gedruckt, in Deutschland klimaneutral hergestellt und transportiert und wegen der größeren Strapazierfähigkeit mit PUR-Kleber gebunden.

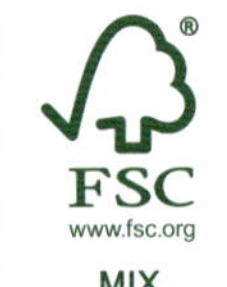

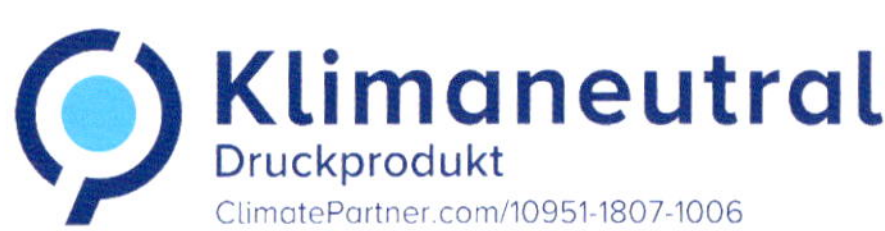

Dieses Buch ist im Buchhandel und in Outdoor-Läden erhältlich und kann im Internet oder direkt beim Verlag bestellt werden.

OutdoorHandbuch aus der Reihe „Regional", Band 432

ISBN 978-3-86686-538-9 1. Auflage 2018

Text und Fotos: Michael Hennemann
Karten: Manuela Dastig
Lektorat: Anna-Lena Ebner
Layout: Alexandra Sauerland

Gesamtherstellung: gutenberg beuys feindruckerei

Dieses OutdoorHandbuch wurde konzipiert und redaktionell erstellt vom:

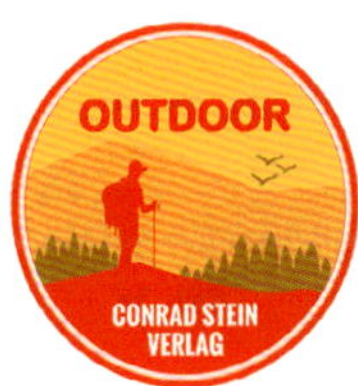

Conrad Stein Verlag GmbH, Kiefernstr. 6, 59514 Welver,
☏ 023 84/96 39 12, FAX 023 84/96 39 13,
info@conrad-stein-verlag.de,
www.conrad-stein-verlag.de

Besuchen Sie uns bei Facebook & Instagram:

 www.facebook.com/outdoorverlag

 www.instagram.com/outdoorverlag

Titelfoto: Praia de São Rafael bei Albufeira

Inhalt

Wandern an der Algarve

Als die Mauren im 8. Jh. die Iberische Halbinsel eroberten, nannten sie den sonnenverwöhnten Küstenstrich ihres neuen Reiches „al garb". Das bedeutet „der Westen" und bezog sich auf die Lage der Halbinsel von Córdoba aus gesehen, wo das Kalifat seinen Sitz hatte.

Die heutige Algarve ist die südlichste Provinz des portugiesischen Festlands. Der etwa 50 km breite Küstenstreifen wird im Norden durch die Hügel der Serra begrenzt und erstreckt sich auf einer Länge von 150 km zwischen dem Fluss Guadiana an der Grenze zu Spanien im Osten und der Westküste am Atlantik.

Traumhafte Sandstrände im Osten, bizarre Felsküsten im Westen und darüber ein meist azurblauer Himmel, unter dem bunte Fischerboote dümpeln – diese Postkartenidylle, nur etwa drei Flugstunden von Deutschland entfernt, lockt seit Jahrzehnten viele Urlauber an.

Natürlich lassen sich entlang der Küste alle negativen Auswüchse beobachten, die der Tourismus so mit sich bringt. Einstige Fischerdörfer wurden mit Hochhäusern und Bettenburgen zugepflastert und Mandelbäume mussten dem Beton weichen. Dennoch blieben weite Teile der Küste unverbaut und haben sich bis heute ihren Reiz bewahrt.

Dank einer Besinnung auf den sanften Tourismus gibt es inzwischen viele charmante Alternativen zu den Touristenhochburgen und die Algarve hat viel mehr zu bieten als Strand und Sonne satt. Eine wichtige Rolle spielt dabei das Wandern und so sind in den vergangenen Jahren zahlreiche Wanderwege entstanden. Gut markiert erschließen sie nicht nur die schönsten Küstenabschnitte, sondern ermöglichen dem geneigten Wanderer auch einen direkten Kontakt mit der unglaublichen landschaftlichen Vielfalt, der Natur und den Menschen der Algarve.

Ganz im Westen lockt die wilde, dünn besiedelte Costa Vicentina, die in weiten Teilen als Naturpark geschützt ist (Touren 1-3). Hier donnern die Wellen des Atlantiks mit ungebremster Gewalt auf die schroffen Felsen der zerklüften Steilküste. Dazwischen liegen mal kleine Buchten, mal weite, von Dünen eingerahmte Sandstrände und die kühlen Nordwinde vom Atlantik garantieren selbst im Sommer angenehme Temperaturen.

Die Südküste unterteilt sich in die westlich gelegene Felsalgarve (Barlavento) mit spektakulären Pfaden hoch oben auf der Steilküste (Touren 5, 8, 15) und die kilometerlangen Traumstrände mit weitverzweigten Lagunen und dem Naturpark Rio Formosa an der Sandalgarve (Sotavento) im Osten (Tour 25).

Fährt man von der Küste nur wenige Kilometer landeinwärts, so erreicht man schnell das Barrocal als Übergang zwischen dem Küstenstreifen und den Bergen (Touren 4, 6, 14 und 16-19). Dieser hügelige Landstrich wird bis heute von der Landwirtschaft geprägt und zeigt die für die Algarve typischen Obstgärten und hinter den Trockenmauern wachsen Oliven-, Mandel-, Johannisbrot- und Feigenbäume.

Im Norden schließt sich die Bergkette der Serra an, die die Algarve vom Alejento und den übrigen Provinzen Portugals abtrennt. Die Serra de Monchique (Touren 9-13) im Nordwesten kann mit Fóia (902 m) und Picota (774 m) die höchsten Gipfel der Algarve vorweisen. Hier fallen die Niederschläge zwar etwas höher aus als an der restlichen Algarve, dafür wandert man durch schattige (Kork-)Eichen- und duftende Eukalyptuswälder und die Ausblicke bis zum Atlantik sind großartig.

Nicht weniger reizvoll ist das sich östlich anschließende Hügelland der Serra do Caldeirão (Touren 20-22). Im Osten der Algarve bildet der Rio Guadiana die Grenze zu Spanien und auch das hügelige, dünn besiedelte Flusstal bietet sich für ausgedehnte Wanderungen an (Touren 26-30).

Reise-Infos

Anreise

Das mit Abstand am häufigsten verwendete Verkehrsmittel zur Anreise an die Algarve ist das Flugzeug. Dreh- und Angelpunkt ist dabei der internationale Flughafen in Faro (FAO), der im Sommer von vielen Fluggesellschaften direkt angesteuert wird. Die Flugzeit beträgt dann z. B. ab Berlin 3 Std. 30 Min. In den Wintermonaten fallen die Direktverbindungen spärlicher aus und Sie müssen mit einem Umstieg in Lissabon rechnen.

Flüge sind nicht nur schnell und bequem, sondern zudem auch recht preiswert. Am teuersten sind naturgemäß Flüge während der Feriensaison und Sie müssen mit Kosten von bis zu etwa € 400 für das Hin- und Rückflugticket rechnen. In der übrigen Zeit liegen die Preise z. T. deutlich darunter.

Da die Flugpreise je nach Saison stark schwanken und die angebotenen Flugverbindungen einer ständigen Veränderung unterworfen sind, empfiehlt sich die rechtzeitige und gründliche Recherche mit Hilfe einer speziellen Suchmaschine wie Google Flüge (💻 www.google.de/flights/), 💻 www.billigflieger.de oder 💻 www.airlines24.com, um eine günstige und gute Verbindung zu ermitteln.

✋ Achten Sie unbedingt auf die genauen Konditionen und versteckte Zusatzkosten. Da viele Billigflieger bei den Kosten für das aufgegebene Gepäck kräftig zulangen, sind die meisten Schnäppchentickets nur wirklich günstig, wenn Sie ausschließlich mit Handgepäck verreisen.

Wer den Zeitaufwand nicht scheut und besonders umweltfreundlich in den Wanderurlaub gelangen möchte, kann die Algarve selbstverständlich auch per Zug erreichen. Je nach Strecke muss mindestens viermal umgestiegen werden und Sie brauchen mindestens 35 Std. Mit einem regulären Ticketpreis von etwa € 500 ist die Bahnfahrt zudem alles andere als ein Schnäppchen.

Konkurrenzlos günstig sind dagegen die Fernbusse, die aus vielen deutschen Städten direkt an die Algarve fahren (💻 www.eurolines.de). Tickets sind z. T. deutlich unter € 200 erhältlich, allerdings beträgt die Fahrtzeit auch um die 40 Std.!

Mehrere Tage müssen Sie auch für die Anreise mit dem eigenen Auto (oder Wohnmobil) einplanen. Die Fahrt von Köln nach Faro führt auf rund 2.500 km durch halb Europa und lohnt sich daher nur für Langzeiturlauber.

Unterkünfte

Entlang der gesamten Küste haben Sie eine breite Auswahl an Hotels in allen Preisklassen. Zusätzlich finden Sie eine stetig steigende Zahl an Privatunterkünften und gerade im Hinterland bietet der Turismo Rural eine gute Alternative mit ruhigen Unterkünften in hübsch renovierten Landgütern oder Ferienhäusern. Campingplätze finden Sie vor allem an der Küste, im Hinterland sind sie eher selten. Die Möglichkeit, ganzjährig zu zelten, eröffnen die großen, internationalen Campingplätze in Albufeira, Aljezur, Praia da Luz, Lagos und Faro.

Geografisch gesehen liegt Albufeira recht genau in der Mitte des Küstenabschnittes. Als Ziel vieler Pauschalreisen geht es allerdings dementsprechend touristisch zu. Eine ruhigere und ursprünglichere Alternative als Ausgangspunkt für Touren in die gesamte Algarve bietet Faro.

Als Standortquartier für die Ost- oder Sandalgarve (Sotavento) empfiehlt sich das charmante Städtchen Tavira. Einen guten Ausgangspunkt für die West- oder

Felsalgarve (Barlavento) sowie die Berge der Serra de Monchique ist Lagos. Einen ebenfalls kurzen Weg in die Berge sowie zu der vergleichsweise dünn besiedelten Westküste bietet Aljezur.

Unterkünfte aller Kategorien in der gesamten Algarve finden Sie z. B. auf der Website des Fremdenverkehrsamtes unter 💻 www.visitalgarve.pt sowie auf Internetbuchungsplattformen wie 💻 www.booking.com.

Die zweckmäßig eingerichteten Jugendherbergen (*pousadas da juventude*) in Faro, Alcoutim, Lagos, Portimão, an der Praia da Arrifana in Aljezur sowie in Tavira richten sich zwar überwiegend an ein internationales, jugendliches Publikum, bieten aber auch Wanderern eine günstige Übernachtungsmöglichkeit. Im Übernachtungspreis (je nach Saison und Herberge zwischen € 11 und € 16 im nach Geschlechtern getrennten Mehrbettzimmer) sind Bettwäsche und ein spartanisches Frühstück enthalten. Der für die Übernachtung obligatorische Jugendherbergsausweis kann auch vor Ort erworben werden.

☺ Die Übernachtung im Doppelzimmer ist meist nur unwesentlich teurer als zwei Betten im Schlafsaal.

Zentrale Reservierungszentrale der portugiesischen Jugendherbergen: ☎ 707 23 32 33, 💻 www.pousadasjuventude.pt

Verkehrsmittel vor Ort

🚌 Zwischen den größeren Städten verkehren häufig und preiswert Busse, z. B. von Lagos nach Sagres oder von Portimão nach Monchique. Die bedeutendsten Anbieter sind 💻 www.eva-bus.com und www.frotazul-algarve.pt.

Mau sieht es dagegen in Bezug auf die Busanbindung der kleinen Dörfer im Hinterland aus. Hier sind die Verbindungen sehr unregelmäßig und es fährt, wenn überhaupt, maximal ein Bus am frühen Morgen und/oder am späten Abend.

Sofern es eine akzeptable Busanbindung zum Startpunkt einer Wanderung gibt, finden Sie einen Hinweis dazu im Infoteil der jeweiligen Tourenbeschreibung.

🚆 Eine Bahnstrecke führt fast an der gesamten Algarveküste entlang, von Vila Real de Santo António im Osten an der spanischen Grenze bis Lagos im

Westen. Die Zugfahrt von Faro nach Lagos dauert knapp 2 Std. und kostet etwa € 8. Die detaillierten Fahrpläne und Ticketpreise finden Sie unter 💻 www.cp.pt. Gerade an der westlichen Algarve liegen die Bahnhöfe (mit Ausnahme von Lagos) oftmals (kilometer-)weit außerhalb des Stadtzentrums und die Bahn eignet sich daher eher nicht, um die Ausgangspunkte der einzelnen Wanderungen zu erreichen.

Für den Großteil der vorgestellten Wanderungen führt aus den genannten Gründen daher kein Weg an einem Mietwagen vorbei. Am Flughafen in Faro sind alle großen portugiesischen und internationalen Anbieter vertreten, sodass Sie den Urlaub direkt nach der Ankunft stressfrei mit dem „eigenen" Fahrzeug beginnen können.

Die Automiete an der Algarve ist vergleichsweise günstig. Einen Kleinwagen vom Typ Renault Twingo oder VW up! bekommen Sie in der Vorsaison schon für unter € 100 pro Woche ohne Kilometerbegrenzung. Eine Vollkaskoversicherung ist dabei inklusive. Für einen Aufpreis von etwa € 20 pro Tag werden auch Rund-um-sorglos-Tarife ohne Selbstbeteiligung angeboten. Diese sind sehr zu empfehlen, um im Schadensfall zusätzlich anfallende Kosten zu vermeiden. Im Hochsommer verdoppeln sich die Tarife dann in etwa.

Einen guten Preisvergleich für die unterschiedlichen Anbieter ermöglicht z. B. 💻 www.billiger-mietwagen.de.

✋ Beachten Sie bei der Automiete und im Straßenverkehr die folgenden Besonderheiten:

- ▷ Das Mindestalter für die Automiete beträgt in der Regel 19 Jahre.
- ▷ Zur Hinterlegung der Mietkaution ist eine Kreditkarte zwingend erforderlich.
- ▷ Die A22 entlang der Algarve ist wie die meisten portugiesischen Autobahnen gebührenpflichtig. Um die obligatorische „elektronische Mauterfassung" nutzen zu können, muss das Fahrzeug mit einem elektronischen Sender ausgestattet sein.
- ▷ Seien Sie an den mehrspurigen Kreisverkehren besonders aufmerksam.
- ▷ Höchstgeschwindigkeiten: innerorts 50 km/h, Landstraße 90 km/h, Autobahn 120 km/h
- ▷ Die Promillegrenze liegt bei 0,5.
- ▷ Die Geldbußen bei Verstößen gegen die Verkehrsregeln fallen saftig aus, das gilt auch für das Telefonieren am Steuer.

Wanderinfrastruktur

In den vergangenen Jahren wurden an der Algarve, das gilt insbesondere für das Hinterland, vielerorts lokale Tageswanderungen markiert. Am Einstieg dieser sogenannten Pequenas Rotas (PR) finden Sie oftmals eine Infotafel mit einer Übersicht des Wegverlaufs und Informationen zu Besonderheiten von Flora und Fauna entlang der Strecke. An größeren Wegkreuzungen wurden Wegweiser mit der Angabe des nächsten Zwischenziels sowie der Kilometerangabe bis dorthin aufgestellt.

Im Gelände sind die Touren durchgehend mit gelb-roten Farbmarkierungen versehen:

▷ Ein waagerechter gelb-roter Doppelstrich zeigt den richtigen Weg an.

▷ Gekreuzte gelb-rote Farbbalken kennzeichnen einen Weg, auf dem Sie nicht weiterlaufen sollen.

▷ An Kreuzungen wird mitunter durch einen waagerechten gelben Farbbalken in Kombination mit einem nach rechts bzw. links abbiegenden roten Farbbalken darunter die einzuschlagende Richtung signalisiert.

Jeder Wanderweg ist mit einer Nummer und dem Buchstabenkürzel für den Landkreis benannt. Nähere Informationen zu den einzelnen Wanderwegen finden Sie oftmals nur direkt auf den (leider meist ausschließlich in portugiesischer Sprache angebotenen) Webseiten der einzelnen Landkreise. Diese lauten in der Regel www.cm-name_des_landkreises.pt, also z. B. 💻 www.cm-alcoutim.pt. für den Landkreis Alcoutim im Nordosten der Algarve. Über eine Suche nach *percursos pedestres* (= Wanderrouten) erhalten Sie dann oftmals nähere Hinweise zu den lokalen Wanderwegen. Eine recht umfassende Übersicht über eine Vielzahl an Wanderwegen finden Sie auf der deutschsprachigen Website 💻 www.wiportugal.org.

Neben den Tageswanderungen gibt es an der Algarve auch drei markierte Weitwanderwege (Grande Rota, Abkürzung GR, ☞ Kasten), für die weiß-rot Farbmarkierungen (bzw. grün-blau im Falle der Rota Vicentina) verwendet werden. Verläuft eine Tageswanderung stellenweise auf einem der Weitwanderwege, so kommt eine kombinierte Markierung weiß-rot-gelb (bzw. blau-grün-gelb) zum Einsatz.

✋ Abseits der Küste finden Sie entlang der Wanderouten oftmals (aber nicht immer!) nur am Start- bzw. Zielpunkt eine Einkehrmöglichkeit. Gerade bei den längeren Wanderungen müssen Sie daher an Verpflegung und ausreichend Trinkwasser im Rucksack denken!

Weitwanderwege an der Algarve

Dienstältester Weitwanderweg der Algarve ist die 1995 auf bestehenden Wegen eingerichtete Via Algarviana (GR 13). Sie führt auf rund 300 km von Alcoutim im äußersten Nordosten durch das gebirgige, ländlich geprägte Hinterland bis zum Kap Cabo de São Vicente.

💻 www.viaalgarviana.org

📖 Christine Heitzmann, Portugal: Via Algarviana, Der Weg ist das Ziel Band 298, ISBN 978-3-86686-615-7, 2. Auflage 2018, Conrad Stein Verlag

2012 wurde die Rota Vicentina (GR 11) eröffnet, die auf insgesamt 340 km die ursprüngliche Westküste von Santiago do Cacém im Alentejo bis zum Cabo de São Vicente an der Algarve für Weitwanderer erschließt. Die Route ist in zwei Strecken unterteilt.

Während der rund 240 km lange historische Weg (Caminho Histórico) eher auf breiteren Pisten im Landesinneren verläuft (und auch mit dem Mountainbike befahren werden kann), führt parallel dazu der Fischerpfad (Caminho dos Pescadores) immer an der Küste entlang durch den Naturpark Parque Natural do Sudoeste Alentejano.

💻 www.rotavicentina.com

Jüngster Spross in der Familie der Weitwanderwege ist die mit 65 km vergleichsweise kurze Grande Rota do Guadiana (GR 15), die dem Fluss Guadiana von Alcoutim bis zur Mündung in den Atlantik bei Vila Real de Santo António folgt.

💻 www.rotaguadiana.org

Klima & Reisezeit

Der Golfstrom beschert der Algarve ein mildes, gemäßigtes mediterranes Klima mit heißen, trockenen Sommern und milden, feuchten Wintern. Die Statistik zählt über 300 Sonnentage im Jahr und die Temperatur beträgt im Jahresdurchschnitt 17 °C. Die Westalgarve wird stärker vom Atlantik beeinflusst: Das Klima ist ausgeglichener und die Temperaturunterschiede im Jahresverlauf fallen geringer aus als im östlichen Teil der Algarve.

Die Hauptreisezeit für (Bade-)Urlauber sind die Monate Juni, Juli und August. Für Wanderer ist der Hochsommer eher weniger geeignet. Dann steigt die Quecksilbersäule im Durchschnitt auf knapp unter 30 °C und an körperliche Betätigung ist eigentlich erst nach Sonnenuntergang zu denken. Am besten geeignet für sommerliche Wanderungen sind die Touren an der Westküste, wo frische Brisen vom Atlantik für angenehme Temperaturen sorgen, sowie das Monchique-Gebirge.

Gute Wanderbedingungen bietet das gesamte Winterhalbjahr von Mitte September bis Anfang Juni. Ab Mitte September sinken die Temperaturen und Sie entgehen der brütenden Superhitze des Sommers. Auch die Badeorte entlang der Küste sind nicht so überlaufen.

In Bezug auf den Niederschlag lässt sich mit Sicherheit nur sagen, dass es im Sommer nicht regnet. Der Großteil der Niederschlagsmenge fällt zwischen Oktober und Februar, es ist aber kaum vorhersagbar, wann das genau der Fall ist. So können Sie im November mit Glück ein herrliches Spätsommerwetter genießen, mit Pech aber auch eine länger anhaltende Schlechtwetterperiode erwischen. Auch Regentage bis in den April hinein sind nicht ungewöhnlich. Das Problematische dabei: Heftige Regenfälle lassen die Wege und Pfade stellenweise im Matsch versinken und der hohe Wasserstand erschwert die Flussüberquerungen oder macht diese im schlimmsten Fall unmöglich.

Während der Winter Deutschland im Januar und Februar mit kaltem, grauem Schmuddelwetter im Griff hat, macht die Mandelblüte an der Algarve die Touren im Hinterland in diesen Monaten zu einem besonderen Erlebnis.

Die beliebtesten Wandermonate sind März und April. Lang anhaltende Schlechtwetterphasen sind eher selten und die Natur erwacht zu neuem Leben. Die Blumenwiesen blühen und auch die Sträucher der Macchie zeigen sich in einem bunten Farbkleid.

Monat	Durchschnittstemperatur	Tage mit Niederschlag
Januar	11,7 °C	6
Februar	12,5 °C	7
März	13,9 °C	4
April	15,2 °C	5
Mai	17,6 °C	3
Juni	20,7 °C	1
Juli	23,6 °C	0
August	23,7 °C	0
September	22,0 °C	1
Oktober	18,7 °C	5
November	15,4 °C	6
Dezember	13,2 °C	8

Quelle: 💻 www.yr.no

Landkarten

Als Wanderkarten eignen sich die vom Militärgeografischen Institut herausgegebenen topografischen Landkarten der Serie M 888 im Maßstab 1:25.000. Sie haben 10-m-Höhenlinien eingezeichnet, zeigen selbst kleinere Feldwege und kosten € 6,50 pro Blatt (zzgl. Versandkosten beim Direktbezug aus Portugal, beim Kauf in Deutschland ca. € 15), 💻 www.igeoe.pt.

Für die Planung der An- und Abreise zu den einzelnen Wanderungen eignen sich Straßenkarten wie:

▷ Landkarte Algarve, 1:100.000, ISBN 978-3-8317-7275-9, Reise Know-How Verlag, € 9,95
▷ Auto- und Freizeitkarte Algarve, 1:150.000, ISBN 978-3-7079-0028-6, freytag & berndt, € 10,90
▷ Hildebrand's Urlaubskarte Algarve, 1:100.000, ISBN 978-3-8898-9291-1, € 8,95
▷ Turinta Karte Algarve, 1:176.000, ISBN 978-9-8955-6095-0, € 10,90

Zwei Empfehlungen für Kartenmaterial zur Nutzung auf Garmin-GPS-Geräten:

▷ Freizeitkarte Portugal, 💻 www.freizeitkarte-osm.de
▷ Topo Lusitana, 💻 http://topolusitania.blogspot.de/
📖 Michael Hennemann, GPS, Basiswissen für draußen, Band 375 978-8386686-495-5, 1. Auflage 2017, Conrad Stein Verlag

Beide Kartenwerke können über den angegebenen Link kostenlos heruntergeladen und auf dem GPS-Empfänger installiert werden. Sie sind erstaunlich genau und stehen der von Garmin für knapp € 20 zum Download angebotenen TOPO Portugal v5 Light, die ebenfalls auf OSM-Daten basiert, praktisch in nichts nach.

☺ Einige der in diesem Führer beschriebenen Wanderwege laufen durch mehr oder weniger flaches Gelände ohne nennenswerte Höhenunterschiede. In diesen Fällen wurde auf die Darstellung eines Höhenprofils verzichtet.

☺ Die Kartenempfehlungen wurden von der Geobuchhandlung Kiel überprüft. 💻 www.geobuchhandlung.de

Telefon

Die internationale Vorwahl für Portugal lautet 00351. Die portugiesischen Teilnehmernummern sind grundsätzlich neunstellig. Festnetzanschlüsse beginnen mit einer 2, Mobilfunknummern mit einer 9. Eine Ortsvorwahl gibt es nicht.

Wandern mit Kindern

Die Algarve ist sehr kinderfreundlich und eignet sich hervorragend für den Familienurlaub. Sandburgen bauen, Muscheln sammeln oder einfach im Wasser plantschen: An Strand und Meer kommt bei Kindern so schnell keine Langeweile auf. Während die Westküste mit ihren hohen Wellen und zum Teil kräftigen Strömungen – sie gilt nicht ohne Grund als Surfparadies – für die ganz Kleinen weniger gut geeignet ist, fallen die Strände an der Südküste recht sanft ins tiefere Wasser ab. Karibische Wassertemperaturen dürfen Sie an der Algarve allerdings nicht erwarten. Das frische Atlantikwasser erwärmt sich nur langsam und steigt selbst im Hochsommer kaum über 20 °C – ein Neoprenanzug ist daher für badefreudige Kinder sehr zu empfehlen. Aber nicht nur die Wanderungen an der Küste, sondern auch eine Vielzahl der Touren im Hinterland bieten vielfältige Abwechslungen, die sie für Kinder attraktiv machen. Gefährliche Passagen oder stärker befahrene Straßen gibt es dabei nur in Ausnahmefällen.

Natürlich gelten beim Wandern mit Kindern besondere Maßstäbe und es muss genug Zeit zum Toben, Entdecken und Spielen eingeplant werden. So wird aus einem kurzen Spaziergang schnell eine Halbtagestour und eine mittellange Wanderung, die man ansonsten schon zu Mittag bewältigt hätte, nimmt schnell den kompletten Tag in Anspruch.

Was möglich ist und was nicht, hängt dabei auch stark von der aktuellen Tagesform ab. Bereitet an einem guten Tag selbst eine ausgedehnte Wanderung keine Probleme, so kann schon beim nächsten Mal der Enthusiasmus, mit Eimer und Schaufel im Sand zu werkeln, so groß werden, dass der Zeitplan bereits am ersten Strand oder Spielplatz gefährlich ins Wanken gerät.

Die Sonne an der Algarve brennt stärker, als man denkt. Gerade am Atlantik täuscht der kühlende Wind über die Intensität der Sonneneinstrahlung hinweg. Daher immer auf einen adäquaten Sonnenschutz achten und neben Sonnencreme auch Hut und Sonnenbrille nicht vergessen. Das gilt nicht nur, aber natürlich in besonderem Maße, für Kinder.

Wandern mit Hund

Die Mehrzahl der vorgestellten Touren ist problemlos für Hunde machbar und in der ländlichen Umgebung gibt es genug Platz zum Herumtoben. Je nach Strecke und Jahreszeit sollten Sie aber an die Mitnahme von ausreichend Trinkwasser denken, da viele der Flüsse nur periodisch Wasser führen.

Grundsätzlich dürfen Hunde an der Algarve, wie im gesamten Rest Portugals, nicht mit in Läden oder Restaurants. Beim Essengehen kann man sich aber gut mit einem Platz draußen auf der Terrasse behelfen.

Ein nicht zu unterschätzendes Problem bei den Touren im Hinterland stellen die z. T. im Rudel lebenden, frei laufenden Hunde in den Ortschaften dar (☞ Gefahren). Während diese für Wanderer nach meiner Einschätzung eher selten eine Bedrohung darstellen, besteht in Begleitung eines eigenen Vierbeiners durchaus die Gefahr, dass die Hofhunde den Eindringling in ihr Revier ernsthaft verletzen.

Unproblematisch in dieser Hinsicht sind die Wanderungen an der Küste. Offiziell sind die meisten Strände für Hunde verboten. Das gilt insbesondere für die beliebten (und belebten) Badestrände und es drohen tatsächlich hohe Strafen, wenn Sie im Sommer mit einem Hund an einem bewachten Strand erwischt werden. Unproblematisch sind dagegen die abgeschiedenen kleinen Strände und je nach Lage, Strand und Tages- und Jahreszeit wird niemand etwas gegen die Hunde sagen. Das gilt insbesondere für die Nebensaison, in der die meisten Strände fast menschenleer sind und die Natur wieder die Oberhand gewinnt.

Gefahren

Natürlich bestehen auch bei Wanderungen an der Algarve die „üblichen" Outdoor-Risiken wie aufziehende Gewitter oder eine Verletzung abseits der Zivilisation. Besondere Gefahren lauern hier aber ansonsten nicht und mit festem Schuhwerk, etwas Proviant im Gepäck und normaler Kondition lassen sich die vorgestellten Touren ohne Probleme meistern. Nachfolgend habe ich Ihnen einige Punkte zusammengestellt, auf die es zu achten gilt, damit unterwegs auch wirklich nichts schiefgeht.

Hunde: Abseits der Strecken entlang der Küste sind Begegnungen mit Hunden vorprogrammiert. Nicht alle Wachhunde sind im Zwinger eingesperrt oder angekettet und im Hinterland werden Sie in der Nähe von ländlichen Höfen sowie in den

Ortschaften oftmals lautstark von einem halben Dutzend frei laufender, zum Teil hüfthoher Hunde empfangen.

Die Situation wirkt im ersten Moment recht bedrohlich und selbstverständlich mag es vereinzelt tatsächlich aggressive Wachhunde geben, nach meiner Erfahrung geht aber keine unmittelbare Gefahr von den frei laufenden Hunden aus.

Rücken einem die Tiere zu dicht auf die Pelle, so hilft meist ein forscher Schritt auf den bzw. die Hunde zu, damit diese sich etwas zurückziehen. Auch durch das Bücken nach einem Stein lassen sich die Tiere auf Distanz halten, bis Sie ihr Revier verlassen und die Hunde zurückbleiben.

☺ Machen Sie sich lautstark bemerkbar, wenn Sie sich einem einzelnen Gehöft nähern, um nicht im wahrsten Sinne des Wortes „schlafende Hunde“ zu wecken.

Jagdgebiete: Ein Großteil der Wanderwege im Hinterland führt durch Jagdgebiete und die Jagd ist in Portugal sehr verbreitet. Das portugiesische Jagdgesetz regelt aber recht detailliert, was wann und wo geschossen werden darf. Die Jagdsaison beginnt Mitte August und dauert bis Ende Februar. Gejagt werden darf ausschließlich an Donnerstagen, sowie an Wochenenden und Feiertagen. Grundsätzlich konnte ich auf meinen Wanderungen an der Algarve keine Beeinträchtigungen durch die Jagd ausmachen, trotzdem sollten Sie bei Touren abseits des Küstenstreifens während der Herbst- und Wintermonate besonders aufmerksam sein. Halten Sie Ausschau nach Jägern und machen Sie sich im Zweifelsfall lautstark bemerkbar.

Flussüberquerungen: In den Wintermonaten lassen ergiebige Regenfälle den Wasserstand der Flüsse anschwellen und ein im Sommer nahezu trockengefallenes Rinnsal wird zum schwer passierbaren Fluss.

Steilküsten und Strände: Solange Sie bei Wanderungen entlang der Steilküste an der Westalgarve die Wege nicht verlassen, besteht auch hier kein besonderes Risiko. Umgekehrt sollten Sie am Fuße einer Klippe auf herabfallende Felsbrocken achten und einen ausreichenden Sicherheitsabstand einhalten. Sie sollten an der portugiesischen Atlantikküste zudem Brandung, Gezeiten und die zum Teil lebensgefährlichen Strömungen nicht unterschätzen. Beachten Sie unbedingt die Flaggenhinweise an den Stränden, um Badeunfälle zu vermeiden.

Waldbrände: Große Trockenheit und hohe Temperaturen bergen die Gefahr von Waldbränden. Seien Sie bei Touren, die durch Waldgebiete im Hinterland führen, daher während der Sommermonate besonders vorsichtig. Eine Übersicht der aktuellen Brände finden Sie auf der Website 💻 www.fogos.pt.

Information

Gute Anlaufstellen für die Informationssuche sind die Regionale Tourismusstelle der Algarve und das Portugiesische Fremdenverkehrsamt:

▷ Associação Turismo do Algarve, Av. 5 de Outubro 18, 8000-076 Faro, ☏ 289 80 04 03, 💻 www.visitalgarve.pt

▷ Portugiesisches Fremdenverkehrsamt, Zimmerstraße 56, 10117 Berlin, ☏ 030/254 10 60, 💻 www.visitportugal.com

Zudem bieten auch die Internetauftritte der 16 Landkreise der Algarve umfangreiche touristische Informationen wie Hinweise zu Sehenswürdigkeiten und Wandermöglichkeiten – in der Regel allerdings nur in portugiesischer Sprache. Die Webseiten der einzelnen Gemeinden finden Sie ganz einfach nach dem Schema: www.cm-name_des_landkreises.pt, also z. B. www.cm-lagos.pt für Lagos und Umgebung.

GPS

Die GPS-Tracks zu den beschriebenen Wegen können Sie auf der Internetseite des Verlags (💻 www.conrad-stein-verlag.de) herunterladen.

Updates

Der Conrad Stein Verlag veröffentlicht Updates zu diesem Buch, die direkt vom Autor oder von den Lesern dieses Buches stammen. Sie finden diese auf der Verlagshomepage 💻 www.conrad-stein-verlag.de. Der abgebildete QR-Code führt Sie direkt dorthin.

Westalgarve

Praia do Castelejo

1 Naturpfad Castelejo

Spaziergang für große und kleine Naturentdecker

Neben der Straße von Vila do Bispo zur Praia do Castelejo versteckt sich etwas unscheinbar der kleine, aber feine Naturlehrpfad Trilho Ambiental. Die Infotafeln sind zwar stark verwittert und nur auf Portugiesisch, trotzdem eröffnet der kurze Spaziergang einen guten Einblick in die Flora der Region. Nach weiten Ausblicken über die Algarveküste wandern Sie im Halbschatten von Pinien- und Eukalyptusbäumen und durch die Sträucher der typischen Macchiavegetation. Kurz vorm Ende der Tour wartet ein Picknickplatz samt kleinem Spielplatz und im Anschluss der Wanderung der Besuch des wildromantischen, von hohen Felswänden umringten Strandes von Castelejo in nur 1 km Entfernung quasi Pflicht.

Start/Ziel: Parkplatz an der Straße M1265 knapp 3 km westlich von Vila do Bispo, GPS N 37°05.754' W 008°56.049'

3,4 km

1 Std.

70 m/70 m

60-120 m

Der Naturlehrpfad ist durchgehend gelb-rot markiert.

unbefestigter Wanderweg, Halbschatten entlang des Barranco do Marinho

Am Weg selbst keine Einkehrmöglichkeit. Die nächsten Restaurants finden Sie in Vila do Bispo sowie an der Praia do Castelejo.

Tisch-Bank-Kombination an einem kleinen Tümpel (km 1,1), Picknickplatz mit Grillmöglichkeiten und Kinderspielplatz an der M1265 (km 2,9), dazwischen vereinzelt Sitzbänke.

Die Strecke ist durchgehend autofrei und sehr gut auch für kleinere Kinder geeignet. Kurz vorm Ende des Spaziergangs wartet ein kleiner Spielplatz.

Die Tour ist aufgrund der kurzen Distanz und dem angenehmen Halbschatten im Tal des Barranco do Marinho, der zudem Trinkmöglichkeiten bietet, gut für Hunde geeignet.

P unbefestigter Parkplatz am rechten Fahrbahnrand am Ausgangspunkt; fahren Sie bei Vila do Bispo ins Dorf und folgen Sie den Schildern zur Praia do Castelejo. Nach etwa 2 km erreichen Sie das beliebte Freizeitgebiet Area de Lazer do Castelejo und etwa 500 m weiter den Ausgangspunkt. Weitere Parkmöglichkeiten am Picknickplatz, GPS N 37°05.473' W 008°55.928'.

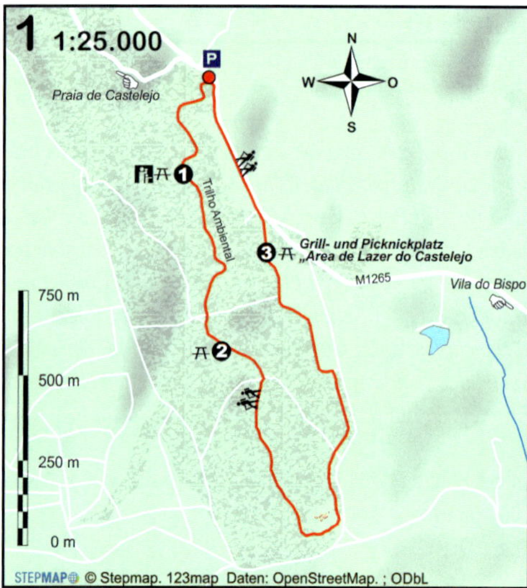

Überqueren Sie vom Parkplatz die Straße M1265 zurück in Richtung Vila do Bispo und biegen Sie gleich rechts beim Schlagbaum und dem Schild „Trilho Ambiental“ auf den breiten Wanderweg ab. Er führt zunächst leicht bergab und der Blick kann frei über die Hügel bis zum Atlantik schweifen. Eine erste Bank ❶ lädt dazu ein, die Aussicht in aller Ruhe zu genießen.

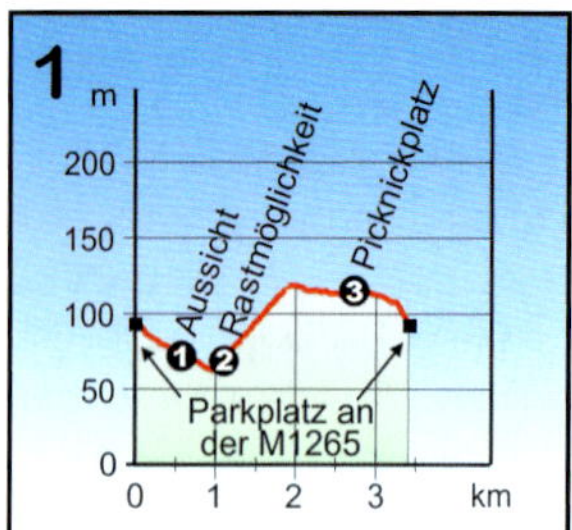

Die Piste führt Sie in einen Pinienhain, wo sich der Geruch von duftendem Harz mit dem Geruch der am Wegesrand blühenden Kräuter mischt. An der Kreuzung mit einer größeren Piste halten Sie sich links und erreichen einen kleinen Tümpel links vom Weg, an dem zwei Bank-Tisch-Kombination zur Pause einladen ❷.

Nun geht es an dem kleinen Flüsschen Barranco do Marinho mit üppiger Schilfvegetation entlang leicht bergauf und die Pinien- und Eukalyptusbäume spenden angenehmen Schatten. Sie gelangen zu einem zweiten Tümpel und passieren mehrere Gebäude. Anschließend laufen Sie gleich hinter dem Schlagbaum auf den schmalen Wanderpfad, der Sie durch die Macchie mit Zistrosen, Ginster und Lavendel führt, und über die Buschschicht erheben sich Kiefern.

In seinem weiteren Verlauf wird der Weg immer breiter und bringt Sie zu der beliebten und belebten Grill- und Picknickstelle Area de Lazer do Castelejo ❸, wo sich die Kinder auf einem Spielplatz austoben können.

Nach der Pause gelangen Sie auf dem breiten Pistenweg parallel zur M1265 zurück zum Startpunkt des kleinen, aber abwechslungsreichen Rundgangs.

Zum Beginn der Wanderung bieten sich einige schöne Ausblicke

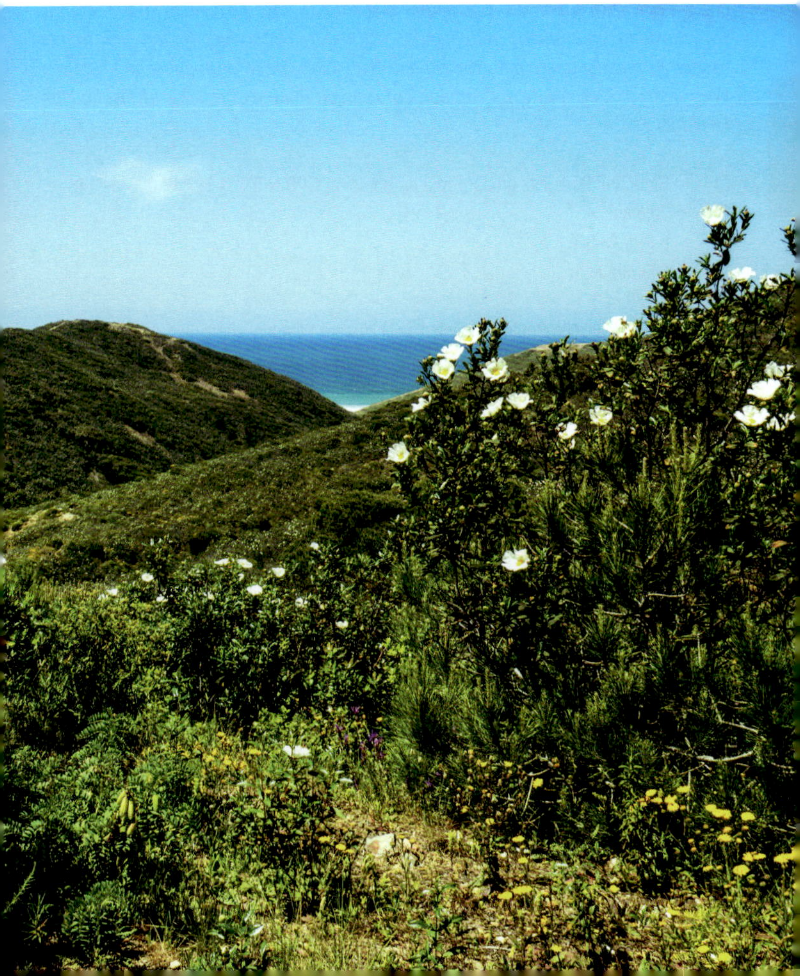

❷ Dünen, Klippen und Hügelland

Ausgedehnter Rundgang für maritime Wanderfreunde

Diese ausgedehnte, äußerst abwechslungsreiche Rundwanderung folgt zunächst der breiten Piste über die Carrapateira-Halbinsel, die die beiden Traumstrände von Bordeira und Amado miteinander verbindet. Unterwegs finden sich immer wieder Aussichtspunkte mit großartigem Blick über die wildromantische Küste der Westalgarve. Der zweite Teil verläuft auf ruhigen Pfaden durch das idyllische Hinterland.

Start/Ziel: Parkplatz an der Praia da Bordeira, GPS N 37°11.567' W 008°54.148'

20,8 km

6 Std. 15 Min.

500 m/500 m

0-130 m

Die vorgestellte Route kombiniert zwei kürzere Wanderwege zu einer ausgedehnten Rundtour. Die erste Hälfte entlang der Küste ist als Teil des Fischerpfads blau-grün markiert (Pontal da Carrapateira), die zweite Hälfte durchs Hinterland folgt dem gelb-rot markierten Wanderweg AJZ-PR4 (Cerros da Carrapateira).

Asphaltstraße und breite Schotterpiste im ersten Abschnitt, in der zweiten Hälfte unbefestigte Wege und Pisten. Im gesamten Streckenverlauf gibt es kaum Schatten.

Fischrestaurant Sítio do Forno (km 5,3), saisonale Bars und Cafés an der Praia do Amado (km 6,3), mehrere Restaurants in Carrapateira (km 19,5), Restaurant O Sítio do Rio (km 0,2/km 20,6)

In der ersten Hälfte entlang der Piste über die Carrapateira-Halbinsel gibt es Rastbänke an den Holzstegen und auf den Aussichtsplattformen, im zweiten Abschnitt durch das Hinterland sind Sitzgelegenheiten Mangelware.

Supermarkt in Carrapateira (km 19,5)

Die Piste zwischen den Stränden Bordeira und Amado ist vergleichsweise stark befahren und die Tour daher für Kinder nur bedingt geeignet. Als sicheres „Planschbecken" für Kinder eignet sich der lagunenartige See, den die Mündung der Ribeira da Bordeira in den Atlantik bildet.

Aufgrund des vergleichsweise starken Verkehrsaufkommens ist die Tour für Wanderungen mit Hunden nur bedingt empfehlenswert. Zusätzlich besteht in einigen Bereichen aus Naturschutzgründen Leinenpflicht.

 nur sehr sporadische Busverbindung (montags & freitags je ein Bus) von Aljezur nach Carrapateira (Linie 22, www.eva-bus.com)

 Parkplatz am Start; dazu bei der Anfahrt aus Norden von Aljezur kommend am Ortseingang Carrapateira rechts ab auf die Estrada da Praia. Als alternativer Startpunkt bietet sich der Parkplatz an der Praia da Amado an, GPS N 37°10.119' W 008°54.085'. Die Wanderung auf einer der kürzeren Rundtouren (blau-grün markierter Rundweg Pontal da Carrapateira bzw. gelb-rot markierter Wanderweg AJZ-PR4, Cerros da Carrapateira) beginnen Sie am besten direkt in Carrapateira, wo ausreichend Parkmöglichkeiten am Straßenrand zur Verfügung stehen, GPS N 37°11.021' W 008°53.732'

Laufen Sie vom Parkplatz auf der Straße (Estrada da Praia) ein kurzes Stück zurück in Richtung Carrapateira und biegen Sie gleich nach 150 m links auf den Holzsteg in die Dünen ab. Dieser bringt Sie an die lagunenartige Mündung des Flusses Ribeira da Bordeira in den Atlantik, wo Sie nach links weiterlaufen und die Rückseite des bereits bekannten Parkplatzes passieren (wer gut 500 Wandermeter „sparen" möchte, kann also auch gleich hier starten).

Der Pfad schwingt nach rechts und folgt am Fuß einer Düne dem bogenförmigen Flussufer. Rechts erstreckt sich der weite, von Dünen umringte Sandstrand Praia da Bordeira. Vor der Mündung ins Meer geht es auf dem Holzsteg nach links bergan zur Wendeschleife einer Stichstraße von der Estrada da Praia.

Die spektakuläre Felsküste

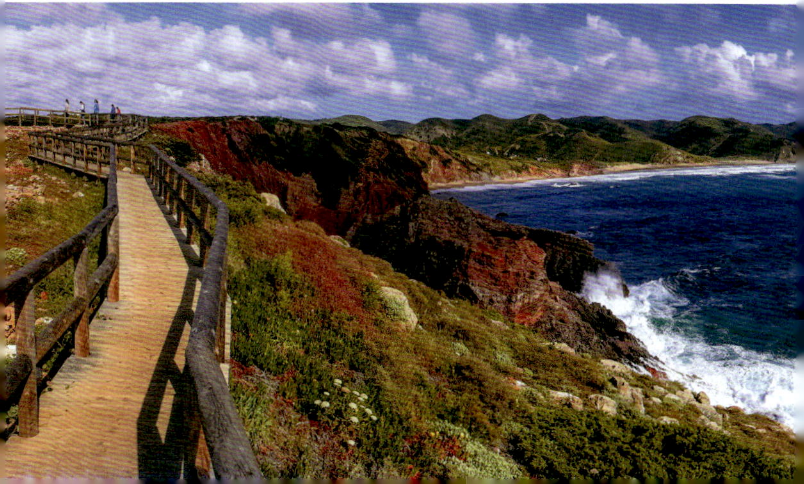

Der nach rechts abzweigende Bohlensteg ermöglicht einen ersten Abstecher zu einer Aussichtsplattform mit Blick über den Strand und die Klippen. Bei guter Sicht können Sie am Horizont im Norden sogar die Bucht von Arrifana in rund 20 km Entfernung ausmachen.

Für die Fortsetzung der Wanderung folgen Sie der Stichstraße und biegen am Ende nach rechts auf die breite Schotterpiste, der Estrada da Praia, die parallel zur Küste nach Westen führt. Sie verläuft nur wenige Meter vor dem steil abstürzenden Kliff und immer wieder gibt es Bohlenwege, die zu Aussichtsplattformen führen. Die spektakulären Ausblicke rauben einem schier den Atem und tief unter den Wanderstiefeln rauscht der Atlantik. Da die Piste auch gut mit Autos befahren werden kann, sind allerdings auch zahlreiche „gehfaule" Touristen mit ihren Mietwagen oder Wohnmobilen unterwegs.

Gut 5 km nach dem Start bietet das Restaurant Sítio do Forno ❶ eine schöne Einkehrmöglichkeit und passend zum Meerblick steht dort hauptsächlich Fisch auf der Speisekarte.

Restaurant Sítio do Forno, Praia do Amado, Carrapateira, ☏ 282 97 39 14,
Di-So ab 12:30

Von der kurz darauf folgenden Aussichtsplattform bietet sich einmal mehr ein fantastisches Panorama über die spektakuläre Felsküste der Westalgarve und die kleine Praia do Portinho, wo die Fischer von Carrapateira ihre Boote zu Wasser lassen.

Nach dem Abstecher folgen Sie weiter der Straße zur Praia do Amado, wo die mächtigen Atlantikwellen die Windsurfer in Scharen anziehen und mehrere saisonale Strandcafés bieten die Möglichkeit zu einer Pause mit Blick aufs Meer ❷.

Am Surfcamp, wo die Treppen hinunter zum Strand führen, wendet sich die Piste wieder landeinwärts und gut 150 m weiter biegen Sie am Ende des Parkplatzes rechts ab. Sie folgen der zunächst leicht abfallenden Piste und steuern auf die hoch aufragenden Hügelkuppen im Hinterland zu. Halten Sie sich an der ersten T-Kreuzung rechts und an der Gabelung darauf, noch bevor es steil bergauf geht, links.

Sie erreichen eine breite Weggabelung ❸. Die blau-grünen Markierungen des Fischerpfads führen nach links und direkt zurück nach Carrapateira. Von dort kommt auch der gelb-rot markierte lokale Wanderweg AJZ-PR4, dem Sie nun nach rechts

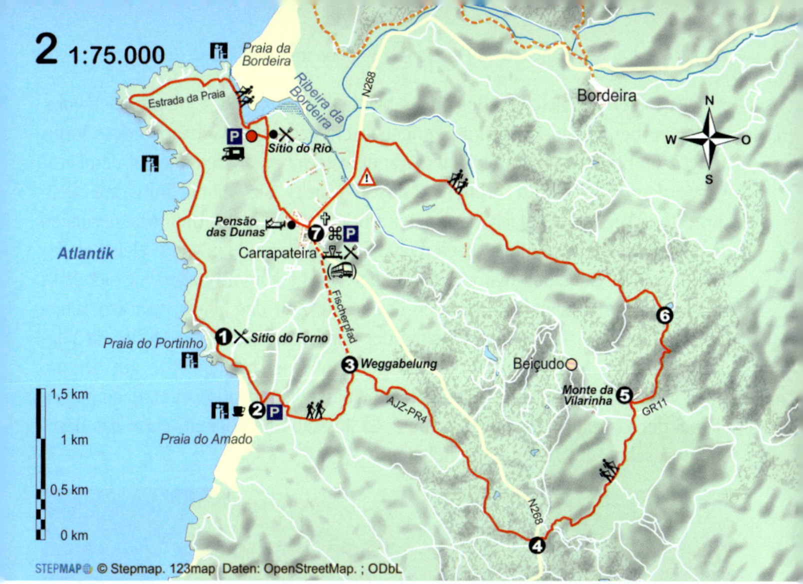

2 1:75.000

Praia da Bordeira
Ribeira da Bordeira
N268
Bordeira
N
W
O
S
Estrada da Praia
Sitio do Rio
Pensão das Dunas
7
Carrapateira
Atlantik
Fischerpfad
6
1 Sitio do Forno
Praia do Portinho
3 Weggabelung
Beiçudo
Monte da Vilarinha 5
GR11
1,5 km
1 km
0,5 km
0 km
2
Praia do Amado
AJZ-PR4
N268
4
STEPMAP © Stepmap. 123map Daten: OpenStreetMap. ; ODbL

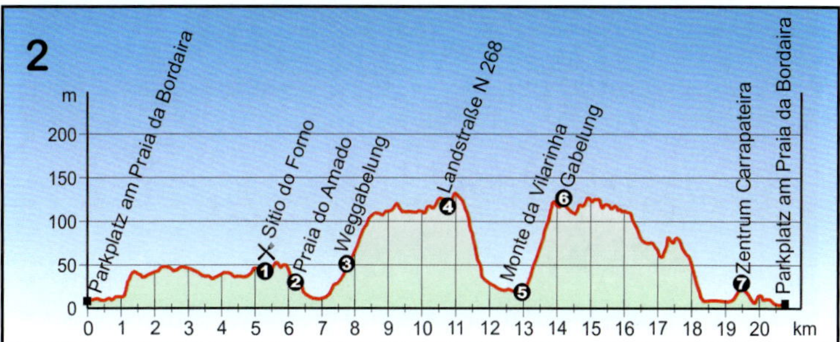

in Richtung „Vilarinha 4,5 km" folgen. Die Piste beginnt zu steigen und führt erst durch Eukalyptus, später durch Pinien und entlässt Sie oben an einem verfallenen Haus auf die Landstraße N268 ❹.

Diese überqueren Sie schräg nach rechts und setzen die Wanderung auf der gegenüberliegenden Seite auf der Piste nach links fort. Halten Sie sich an der folgenden Gabelung mit der einzelnen, weit ausladenden Pinie in der Mitte rechts und laufen Sie kurz darauf, noch vor der Hochspannungsleitung, nach links auf der Piste weiter. Der schmale, grüne und stark zugewachsene Pfad bringt Sie in den Weiler Vilarinha.

Hier folgen Sie gleich zu Beginn am blassgelben Haus der Fahrspur nach links, die Sie vorbei an den zumeist als Ferienhäusern genutzten Gebäuden des Dorfes bringt. Am Ende erreichen Sie einen Wanderwegweiser, an dem Sie auf den Fernwanderweg GR 11/E9 treffen. Dieser würde Sie nach links auf dem kürzesten Weg zurück nach Carrapateira bringen. Die gelb-roten Markierungen des AJZ-PR4 dagegen führen nach rechts („Carrapateira 7 km") und gleich an der der folgenden Gabelung (wo von rechts der GR 11 kommt) halten Sie sich links und folgen der Straßenfurt über den die meiste Zeit des Jahres wohl trockenen Flusslauf. Vor den Ferienappartements der Landtourismusanlage Monte da Vilarinha ❺ halten Sie sich rechts und es geht auf einer breiten Piste gut bergan. Oben laufen Sie zunächst neben der Telefonleitung geradeaus weiter, dann biegen Sie bei der Gabelung vor einem Tümpel ❻ links ab und können schon das Brandungsrauschen des Atlantiks vernehmen.

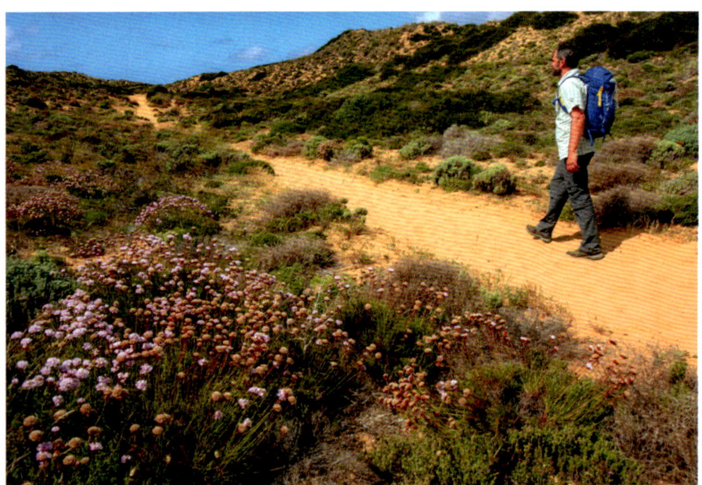

Dünen bei Carrapateira

An der folgenden Gabelung vor dem Eukalyptuswald halten Sie sich rechts und bald taucht voraus das Meer auf. Von nun an geht es zunächst in etwa auf einer Höhe weiter und Sie können die nach links absteigende Piste ignorieren. An der nächsten Gabelung trifft von rechts der GR 11 aus Arrifana/Bordeira auf Ihren Weg und es geht geradeaus weiter und noch einmal leicht bergan.

Hinter dem höchsten Punkt leuchten zur Linken die weißen Häuserfassaden von Carrapateira und voraus der goldene Sand an der Praia da Bordeira in der Sonne. Sie steigen zwischen den Weidezäunen, hinter denen urige Rinder mit mächtigen Hörnern grasen, hinab zur Landstraße N268. Bei den zur Ferienanlage Monte da Cunca umgebauten alten portugiesischen Bauernhäusern biegen Sie links in die Straße ein.

Auf den folgenden 800 m bis zum Ortseingang von Carrapateira ist Vorsicht geboten, denn der Großteil der nicht gerade wenigen Autos ist recht schnell unterwegs und es gibt keinen separaten Randstreifen für Fußgänger.

Hinter dem Ortschild können Sie die Wanderung dann sicher auf dem Bürgersteig fortsetzen und passieren die Zufahrt zum kleinen ⌘ Heimatmuseum von Carrapateira, das auf einem Hügel in der Rua de Pescador über dem Ort thront und auf Fotoinfotafeln sowie mit einigen Werkzeugen und Reusen die traditionelle Fischerei und Landwirtschaft der Region dokumentiert.

⌘ Museu do Mar e da Terra da Carrapateira, Rua do Pescador, 8670-230 Bordeira, ☏ 282 97 00 00, Di-Sa 10:00-13:00 und 13:30-17:00

Zu den weiteren Sehenswürdigkeiten des kleinen Ortes gehören die Dorfkirche aus dem 16. Jh. in der Rua da Igreja und die Überreste einer Burganlage aus dem 17. Jh. Für die direkte Fortsetzung der Wanderung biegen Sie gleich unterhalb der Windmühle nach rechts in die Rua da Padaria ab. Vorher aber lädt der zentrale Dorfplatz zu Ihrer Linken mit mehreren Cafés und Restaurants zum Verweilen und kleinen Läden zum Shopping ein ❼.

Auf der Rua da Padaria folgen Sie anschließend wieder den grün-blauen Markierungen des Fischerpfads. Hinter der Pensão das Dunas kehren Sie dem Ort auf der kleinen Straße den Rücken und biegen in der Kurve nach einem kleinen Bach rechts auf den sandigen Pfad durch die Dünen. Dieser führt Sie nach knapp 800 m gegenüber von dem vom Beginn der Wanderung bekannten Holzsteg auf die Straße. Rechter Hand lädt das ✕ Restaurant O Sítio do Rio Tisch.

✕ O Sítio do Rio, Estrada da Praia, 8670-230 Bordeira, ☏ 282 97 31 19, Mi-Mo ab 12:00

Um zum Ausgangspunkt zu gelangen, wenden Sie sich nach links und sind nach etwa 150 m wieder am Parkplatz.

3 Von Bordeira ans Meer

Rundweg für Küstenliebhaber und Naturfreunde

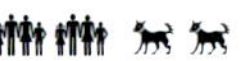

Etwa 3,5 km vom Meer entfernt bietet sich das verschlafene Örtchen Bordeira als Ausgangspunkt für eine Wanderung durch die abwechslungsreiche Küstenregion an. Zunächst geht es durch das hügelige Hinterland, dessen fruchtbare Flussauen als Ackerland und Viehweiden genutzt werden, bevor der Pfad Richtung Meer schwenkt. Hier werden die Pfade zwar sandig und sind schwieriger zu laufen, dafür gibt es herrliche Weitblicke über die Küste. Wer möchte, kann sich an der Praia da Bordeira zur Erfrischung in die Brandung des Atlantiks stürzen, bevor es durch den Pinienwald von Bordalete zurück nach Bordeira geht. Es besteht die Möglichkeit, die Wanderung auf einen 6-km-Rundweg zu verkürzen, auf Strand und Meerblick müssen Sie dann allerdings verzichten.

- Start/Ziel: Ortseingang von Bordeira, GPS N 37°11.870' W 008°51.781'
- 12,8 km
- 3 Std. 30 Min.
- 270 m/270 m
- 25-145 m
- Die vorgestellte Route ist als Wanderweg AJZ-PR2 ausgewiesen und durchgehend mit gelb-roten Markierungen versehen.
- unbefestigte Wege und Straßen zu Beginn und am Ende der Wanderungen, sandige Pfade im Bereich der Küste, unterwegs praktisch kein Schatten
- keine Einkehrmöglichkeit am Weg, Restaurant in Bordeira abseits des Weges
- Es gibt unterwegs keine Sitzgelegenheiten.
- Bademöglichkeit an der Praia da Bordeira (km 8,6)
- Die Tour ist für Familien mit älteren Kindern geeignet, die sandigen Wege in Küstennähe erschweren allerdings das Vorankommen.
- Die Wanderung ist für Hunde geeignet. Eine Möglichkeit zum Abkühlen bietet der Praia de Bordeira, Möglichkeiten zum Trinken gibt es aber unterwegs nicht.
- sporadische Busverbindung von Aljezur (Montag/Freitag je ein Bus) nach Carrapateira mit Stopp in Bordeira (Linie 22, www.eva-bus.com)
- ausreichend Parkmöglichkeiten am Straßenrand in Bordeira, Anfahrt: auf der A22 bis Bensafrim und weiter auf der EN120 Richtung Aljezur, nach 14 km auf die N268 Richtung Bordeira abbiegen

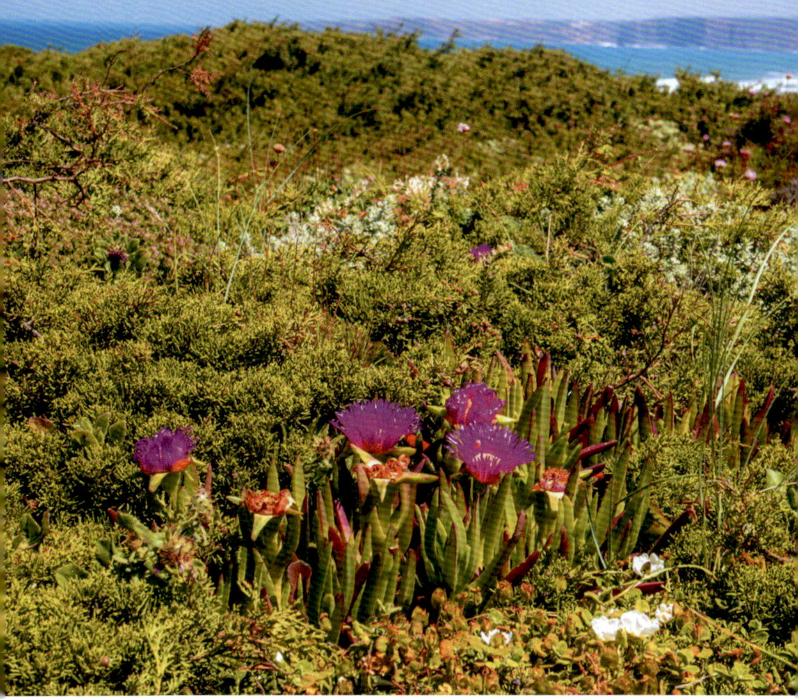

Die kräftig leuchtenden Blüten der Mittagsblume im Frühjahr

Von Bordeira aus starten Sie über die von der Anreise bekannte Landstraße N268 hinweg, halten sich an der folgenden Pistengabelung rechts und überqueren den Bach Ribeira da Bordeira (Wegweiser „Bordalete 3 km, Praia da Bordeira 8 km").

An den beiden folgenden Gabelungen wenden Sie sich jeweils nach links und es geht leicht bergauf. Das Tal ist erfüllt vom Bimmeln der Glocken, die um die Hälse der hier weidenden Ziegen baumeln. Der einsame Weg windet sich durch die Hügel und knapp 2 km nach dem Start in Bordeira biegen Sie an der Kreuzung mit der breiten Piste, die von einer Betonsäule überragt wird, nach links ab und folgen der Piste durch das Tal.

Gut 1 km weiter stehen Sie an der Weggabelung vor dem Stall eines Bauernhofs in Bordalete ❶ und haben die Wahl, ob Sie die volle Strecke laufen oder nur einen kurzen, 6 km langen Spaziergang unternehmen möchten.

➪ Für letzteren wenden Sie sich nach links, um auf direktem Weg nach Bordeira zurückzukehren.

Für die komplette Tour über die Praia da Bordeira dagegen folgen Sie dem Wegweiser „Bordeira 10 km, Praia 5 km" nach rechts. Es geht kontinuierlich leicht bergan und die Piste verläuft immer parallel zum Meer.

Auf Höhe des weithin sichtbaren geodätischen Vermessungspunktes in Form einer Betonsäule biegen Sie scharf links ab, um auf einem sandigen Pfad darauf zuzulaufen. An der Gabelung mit einem schmaleren Sandpfad unterhalb der Betonsäule halten Sie sich links, um das Plateau zu erklimmen. Oben lädt der 360°-Panoramablick zum Verweilen ein ❷ und Ihr Blick kann von der Bucht von Arrifana im Norden über die Praia da Bordeira im Süden bis auf die Carrapateira-Halbinsel schweifen.

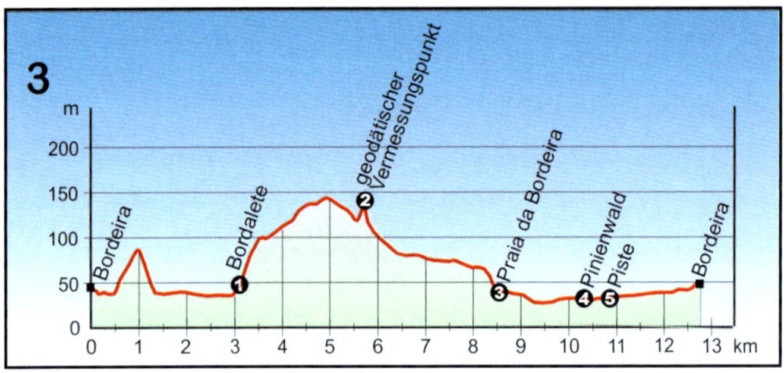

Anschließend halten Sie sich rechts, laufen wieder hinab zur breiteren Piste und folgen dieser nach links in Richtung Meer. An den folgenden Gabelungen halten Sie sich jeweils links und laufen dann in etwa 100 m Entfernung vor den Klippen parallel zur donnernden Meeresbrandung. Die auf den sandigen Dünen wachsenden Kräuter wie Myrte, Wachholder und Rosmarin verströmen einen angenehmen Duft.

Voraus erstreckt sich der von Dünen eingerahmte, weitläufige und absolut einsame Praia da Bordeira. Am Ende können Sie bei einer roten Steinformation ❸ recht gut zum Strand hinabsteigen. Für den Rückweg nach Bordeira wenden Sie sich hier auf dem sandigen Weg scharf links und laufen landeinwärts. Bei ein paar verlassenen Gebäuden schwingt der Weg nach links und verläuft dann parallel zur N268, die in ein paar Hundert Metern am Fuße der Hügel verläuft.

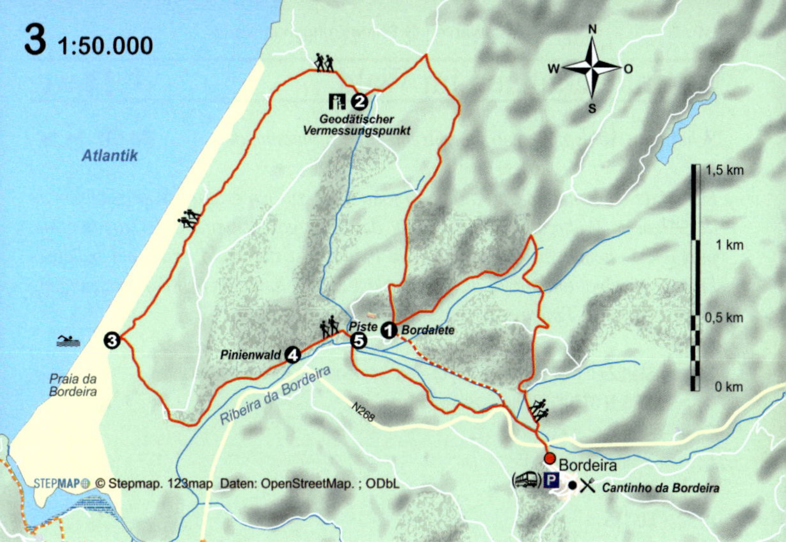

Bald darauf verschwindet der Weg im schattigen Pinienwald von Bordalete ❹. Der Wald nimmt eine Fläche von etwa 40 ha ein und wurde ursprünglich gepflanzt, um die Zapfen sowie das Holz für den Bootsbau zu nutzen.

Der Wald lichtet sich und an der Gabelung beim nächsten verlassenen Gebäude halten Sie sich rechts. Der Weg bleibt noch für etwa 300 m sandig, dann treffen Sie unterhalb des bereits bekannten Bauerngehöfts auf eine feste Piste ❺.

Auf dieser wenden Sie sich nach rechts und laufen am Fuß eines Hügels zu Ihrer Rechten weiter. Links dehnt sich eine weite, grüne Talebene aus. Am Ende raschelt das Schilf am Ufer der Ribeira da Bordeira und an der vom Beginn der Wanderung bekannten Gabelung und laufen nach rechts über die N268 hinweg zurück nach Bordeira.

↳ Vorbei an der kleinen ✞ Kirche erreichen Sie nach nicht einmal 300 m das Zentrum des kleinen Ortes, wo Sie sich nach der Wanderung in dem liebenswürdigen und familiären ✕ Restaurant Cantinho da Bordeira stärken können.

✕ Cantinho da Bordeira, Travessa da Rampa, 8670-220 Bordeira, ☏ 924 17 52 78, Fr-Mi ab 9:00

④ Entdeckungen im Wald

Schattiger Waldspaziergang für Strand- und Sonnenmüde

Der Mata Nacional de Barão de São João zählt zu den größten Waldgebieten an der Algarve. Während hier im 15. Jh. das Holz geschlagen wurde, aus dem die portugiesischen Seefahrer ihre Schiffe bauten, ist der Wald heute ein beliebtes Erholungsgebiet und bietet die Möglichkeit zu einem friedlichen Waldspaziergang unter schattigen Pinien- und Eukalyptusbäumen.

Start/Ziel: Kulturzentrum am oberen Ortsrand von Barão de São João, GPS N 37°08.386' W 008°46.757'

13,5 km

3 Std. 30 Min.

310 m/310 m

50-175 m

Die vorgestellte Strecke ist nicht durchgehend markiert. Zunächst folgen Sie den gelb-roten Markierungen des Wanderwegs LGS-PR1, dann für ein kurzes Stück den weiß-roten Markierungen des Fernwanderwegs GR 13 und laufen schließlich ohne Markierungen auf deutlich zu erkennenden Feld- und Forstwegen.

unbefestigte Waldwege, zu Beginn und am Ende schattiger Pinienwald

entlang der Strecke keine Einkehrmöglichkeiten, aber mehrere Cafés und Restaurant im Zentrum von Barão de São João

schöner Picknickplatz Parque de Merendas (km 12)

Die Tour ist für Kinder gut geeignet. Je nach Alter und Kondition der Kinder können Sie auch den ausgeschilderten, durchgehend gelb-rot markierten Rundweg (Pedro do Galo/LGS-PR1, ca. 6,1 km) gehen. Am Picknickplatz gibt es auch einen Spielplatz.

Die Tour eignet sich aufgrund des schattigen Waldgebiets gut für Hunde. Eine Gelegenheit zum Trinken gibt es allerdings nur am Picknickplatz.

WC am Picknickplatz (km 12,5)

P Große Parkfläche gegenüber vom Kulturzentrum am oberen Ortsrand von Barão de São João; Anfahrt auf der A22 bis Bensafrim, durch den Ort und weiter nach rechts in Richtung Barão de São João, hier kurz vor dem Ortsende rechts ab und der Ausschilderung „Parque de Merendas“ bzw. „Mata Nacional“ folgen. Um rund zwei „Pistenkilometer“ am Beginn bzw. Ende der Wanderung einzusparen, kann die Wanderung auch direkt am Picknickplatz gestartet werden, GPS N 37°08.538' W 008°47.290'.

Ausgangspunkt für den Waldspaziergang ist das Kulturzentrum des Dorfes Barão de São João. Am Übergang von der Asphaltstraße zur Schotterpiste finden Sie eine Infotafel sowie einen Wegweiser für den markierten, etwa 6,1 km langen Rundweg durch den Wald (Pedro do Galo/LGS-PR1), dem Sie auf der hellgrauen Schotterpiste bergan folgen.

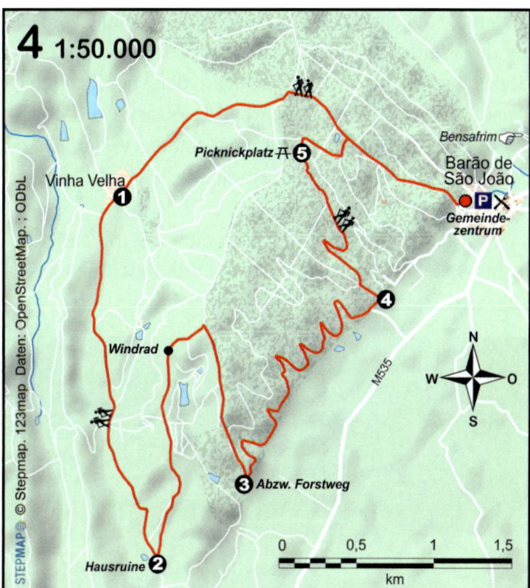

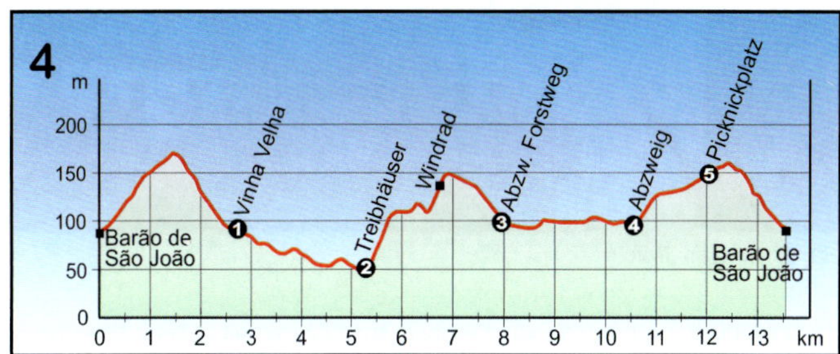

An der Dreier-Gabelung nach gut 600 m halten Sie sich rechts und laufen auf der breiten Piste weiter geradeaus. Etwa 300 m weiter, an der nächsten Gabelung, führt der markierte Wanderweg links ab in Richtung Picknickplatz.

Sie laufen zunächst weiter geradeadeaus und lassen auch den nächsten Abzweig in Richtung Picknickplatz links liegen. An der nächsten Gabelung halten Sie sich dann links und laufen in Richtung Vinha Velha. Knapp 200 m weiter treffen Sie auf eine breitere Piste. Auf dieser laufen Sie ein paar Schritte nach links auf das Windrad zu, biegen aber noch davor an der Gabelung rechts ab. Sie entdecken nun weiß-rote Markierungen, denn auf dem folgenden Abschnitt folgt die Wanderung dem Weitwanderweg Via Algarviana (GR 13). Auf den Hügelkuppen links und rechts vom Weg drehen sich die Windräder und nachdem Sie sich an einer Gabelung links halten, ist der Weiler Vinha Velha mit einer Rudolf-Steiner-Schule erreicht ❶.

Bald darauf verabschieden sich die weiß-roten Markierungen des GR 13 nach rechts und Sie laufen immer geradeaus durch den angenehm schattigen Nadelwald und kreuzen dabei zwei schmale Wasserläufe.

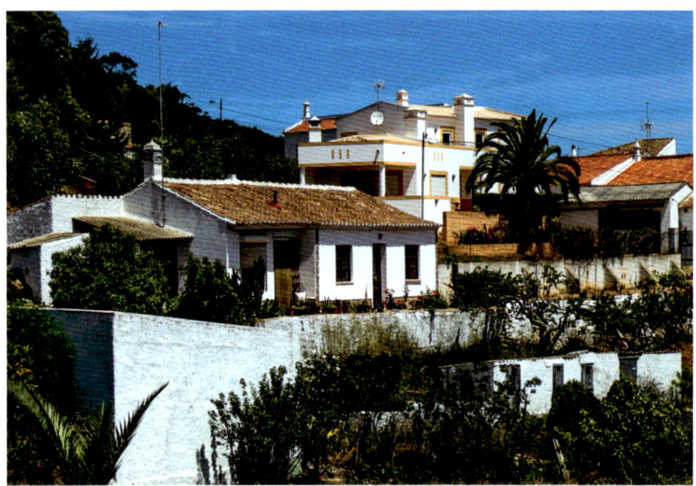

Barão de São João

Schließlich erreichen Sie eine größere freie Fläche mit einigen Folientreibhäusern zu Ihrer Rechten und es gibt vorrübergehend keinen Schatten mehr. Auf Höhe des Wassertümpels vor einer Hausruine auf einem kleinen Hügel biegen Sie scharf links ab ❷. Die Piste führt gut bergan und an heißen Tagen kostet der schattenlose Anstieg ein paar Schweißtropfen extra, bevor Sie wieder in den Wald kommen.

Am ersten Windrad schwenkt die Piste nach rechts und etwa 250 m weiter halten Sie sich am geodätischen Vermessungspunkt rechts. Sie laufen nun immer

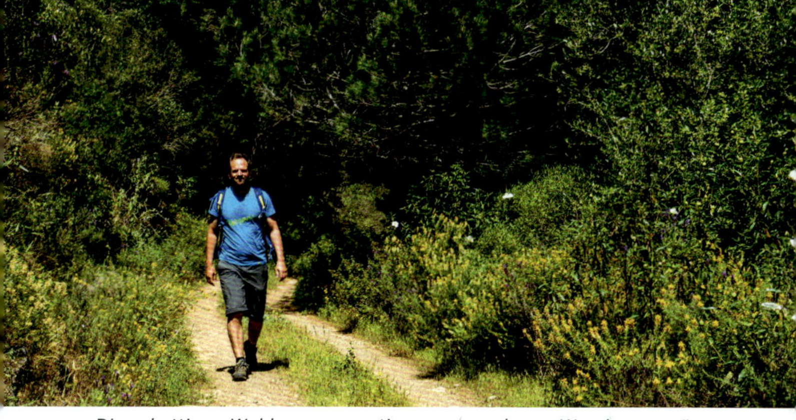

Die schattigen Waldwege garantieren angenehmes Wandervergnügen

am Waldrand entlang leicht bergab. Ignorieren Sie den ersten nach links in den Wald abzweigenden Pfad und biegen Sie erst an der zweiten Möglichkeit scharf links ab ❸.

Der Forstweg windet sich nun am südlichen Waldrand entlang und Sie müssen mehrere Einbuchtungen auslaufen. Rechts reicht der Blick über die landwirtschaftliche Ebene mit schmalen Ackerstreifen, weidenden Ziegen und grasenden Pferden bis ans Meer.

Kurz bevor Sie zurück an den Ortsrand von Barão de São João kommen ❹, laufen Sie auf dem Waldweg nach links und halten sich gleich an der folgenden Möglichkeit rechts. Nun bringen Sie die gelb-roten Markierungen durch den Wald bis zum Picknickplatz ❺.

Nachdem dieser umrundet oder überquert ist, können Sie entweder beim Toilettenhäuschen oder ein Stücken weiter beim Forsthaus nach links laufen und anschließend auf der breiten Schotterpiste rechts bergab zum Ausgangspunkt.

Zoologischer Garten Lagos

Der kleine, aber feine, privat geführte Zoo von Lagos (Parque Zoológico de Lagos) liegt nur 5 Autominuten entfernt an der M525 in nordwestliche Richtung von Barão de São João und ist insbesondere für Familien mit Kindern einen Besuch wert. Hier gibt es mehr als 120 verschiedene Tier- und 200 Pflanzenarten aus allen 5 Erdteilen zu entdecken. Zu den Attraktionen zählen die 60 m lange Freiflugvoliere, die schön angelegten Affeninseln und ein kleiner Streichelzoo.

♦ Parque Zoológico de Lagos, Quinta das Figueiras, 8600-013 Lagos, 7 Apr bis Sept 10:00-19:00, Okt bis März 10:00-17:00, ☏ 282 68 01 00, : www.zoolagos.com

5 Küstenweg von Salema nach Lagos

WC

Ausgedehnte Wanderung für konditionsstarke Freunde spektakulärer Steilküsten

Die Wanderung entlang der Klippen zwischen Salema und Lagos hat einiges zu bieten, auch wenn dieser Küstenabschnitt längst nicht mehr gänzlich unberührt ist. Mit jedem Schritt bieten sich neue spektakuläre Ausblicke von den oft steilen Klippen über das Meer und zwischendurch locken viele schöne Badestrände. Den Abschluss bilden die wilde Felsküste an der Ponta da Piedade und das Gassengewirr der Altstadt von Lagos. Natürlich hat der Tourismus auch sein Gutes: Die Küstenorte bieten vielfältige Einkehrmöglichkeiten und die guten Busverbindungen eröffnen bei Bedarf die Option zum individuellen Abkürzen der Strecke.

→ Start: Strand in Salema, GPS N 37°03.929' W 008°49.476', Ziel: Terminal Rodoviário (Fernbusbahnhof) in Lagos, GPS N 37°06.433' W 008°40.585'

22 km

7 Std. 15 Min.

↑ ↓ 650 m/650 m

⇧ 0-120 m

Die vorgestellte Route ist nicht markiert, der Weg führt aber immer an der Küste entlang und ist problemlos zu finden.

Schattenlose Wanderung auf unbefestigten Pisten und schmalen, mitunter exponierten Pfaden, stellenweise steile, rutschige An- und Abstiege. Für den Abschnitt von Porto de Mós bis Ponta da Piedade sind Schwindelfreiheit und Trittsicherheit erforderlich.

unterwegs viele Einkehrmöglichkeiten in Restaurants, Strandbars oder Cafés in den Orten Salema (km 0), Praia de Almádena (km 3,9), Burgau (km 6,7), Luz (km 11,4), Porto de Mós (km 16), Ponta da Piedade (km 18,4), Praia do Camilo (km 19,4) sowie in Lagos (km 21)

Entlang der jeweiligen Strandpromenaden in Salema, Burgau, Luz und Puerto de Mós gibt es ein großes Angebot an Sitzbänken.

Die zahlreichen Strände bieten gute Bademöglichkeiten.

Supermärkte in Salema (km 0), Burgau (km 6,7), Luz (km 11,4) und Lagos (km 21,5)

Die Tour eignet sich nur für ältere, trittsichere Kinder mit guter Kondition. Die Pfade verlaufen mitunter sehr dicht am Abgrund und sind selten gesichert. Das gilt insbesondere für den Abschnitt zwischen Porto de Mós und Ponta da Piedade.

Die Tour ist für Hunde mit ausreichend Kondition geeignet, an den Stränden besteht aber meist Hundeverbot.

WC öffentliche Toilette am Strand in Luz (km 12)

Der touristisch gut erschlossene Westen von Lagos bietet vergleichsweise gute Verkehrsanbindungen. Der Ausgangspunkt Salema liegt an der Fernverbindung von Lagos nach Sagres (ca. 12x pro Tag, www.eva-bus.com). Die im Fahrplan mit einem „x" gekennzeichneten Busse fahren nicht bis in den Ort, sondern halten oben an der N125 am Abzweig nach Salema und Sie müssen dann vom Kreisverkehr noch knapp 2 km die Straße hinunter zum Strand laufen. Durch die Stadtbuslinien von Lagos (www.aonda.pt) sind auch die Küstenorte Luz und Burgau (Linie 4) und Puerto Mós (Linie 2) einfach mit dem Bus zu erreichen, sodass sich die Wanderung individuell verkürzen lässt.

Der Bahnhof von Lagos (Estrada de São Roque, www.cp.pt) befindet sich am östlichen Ufer der Ribeira de Bensafrim und ist aus der Altstadt über die Fußgängerbrücke bei der Marina in weniger als 15 Min. zu erreichen. Lagos ist der westlichste Haltepunkt der Linha do Algarve, die bis Vila Real de Santo António an der Grenze zu Spanien ganz im Osten reicht und es besteht eine direkte Verbindung über Albufeira (ca. 13x pro Tag) nach Faro. Der finale und urbane Tourenabschnitt von der Ponta da Piedade bis ins Zentrum von Lagos lässt sich bei Bedarf per Bimmelbahn zurücklegen.

P Parkplatz am Strand in Salema; die Abfahrt von der N125 (aus Lagos in Richtung Vila da Bispo ca. 1 km hinter Budens) ist ausgeschildert. In der Hauptsaison können die Parkmöglichkeiten allerdings knapp werden.

Um die Strecke abzukürzen, kann die Wanderung auch gut an den Stränden in Burgau (GPS N 37°04.337' W 008°46.421'), Luz (GPS N 37°05.263' W 008°43.590'), Puerto de Mós (GPS N 37°05.154' W 008°41.290') oder an der Ponta da Piedade (GPS N 37°04.903' W 008°40.171') gestartet bzw. beendet werden. Auch hier gibt es Parkmöglichkeiten direkt am Strand, die allerdings in der Hochsaison ebenfalls knapp werden können.

Das Fischerdorf Salema etwa 20 km westlich von Lagos trat in den 1980er-Jahren als beliebter Backpacker-Treffpunkt auf die touristische Landkarte. Ein Geheimtipp ist der kleine, aber feine Sandstrand am Ende des schmalen Tals, das die schroffe Felsküste unterbricht, also längst nicht mehr, aber dennoch geht es hier recht beschaulich zu.

Sie starten die Wanderung vom Parkplatz am Strand nach links in östliche Richtung und laufen in die Rua dos Pescadores, die durch den ältesten Teil des Dorfes in östliche Richtung parallel zum Strand aus dem Tal führt. In den ehemaligen Fischerhäusern entlang der schmalen Gasse buhlen Restaurants, Geschäfte und ein kleiner Supermarkt (täglich 9:00-13:00 und 15:00-19:00) um die Aufmerksamkeit der Gäste.

Im weiteren Verlauf folgen schöne Villen und am Ende, bevor die Rua dos Pescadores in eine breitere Straße mündet, biegen Sie nach rechts auf den steil ansteigenden Pfad ein. Er führt auf und über eine Klippe und verläuft dann parallel zum Meer.

Hin und wieder geben Infotafeln am Wegesrand Wissenswertes zu Flora und Fauna zum Besten und mit jedem Schritt wird das Meeresrauschen lauter. Zu Ihrer Linken reicht der Blick dagegen weit ins Landesinnere. Der Weg wird breiter und führt Sie hinunter zum nächsten Strand, der Praia da Boca do Rio ❶, der sich bei Wohnmobilfahrern großer Beliebtheit erfreut.

Sie passieren das verfallene Gebäude und laufen über den Strand, um am gegenüberliegenden Ende den schmalen Wasserlauf der Ribeira de Vale Barão zu überqueren. Es gibt ein paar Trittsteine, bei Hochwasser kann allerdings es schwierig werden, diese Aufgabe trockenen Fußes zu meistern.

Anschließend setzen Sie die Wanderung auf einem schmalen Pfad fort, der rasch wieder an Höhe gewinnt. Vor einer Apartmentsiedlung trifft der Pfad auf die Küstenstraße und Sie wenden sich auf der Piste nach rechts in Richtung Forte de Almádena.

Nach der Erkundung der Ruinen des mittelalterlichen Kastells ❷ und dem weiten Blick, der bei guter Sicht im Westen bis nach Sagres reicht, nehmen Sie den Pfad, der vom Parkplatz vor der Ruine in östliche Richtung abzweigt und durch hüfthohes Buschwerk führt.

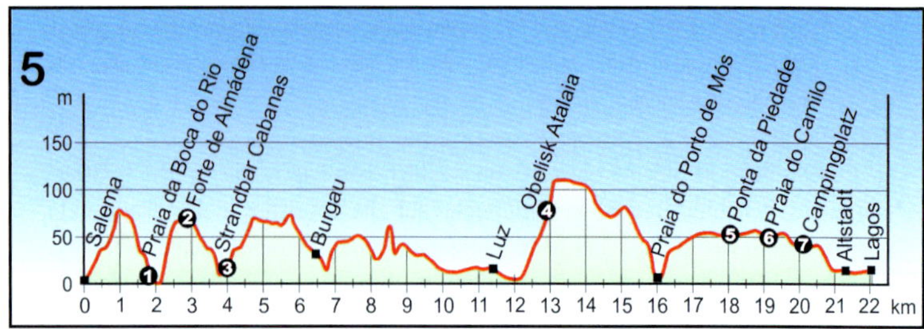

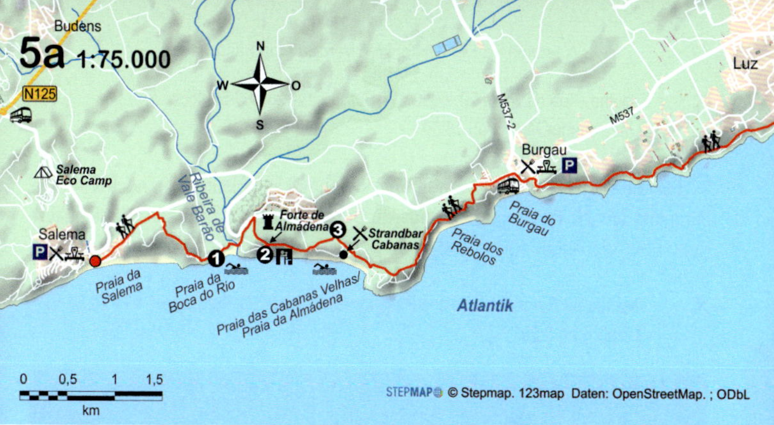

Die Hügelfront links ist dicht mit Ferienapartments besetzt und Sie erreichen eine prunkvolle Villa, die einsam auf der Klippe am östlichen Ende über der Praia de Almádena thront, und laufen links darum herum und auf der Zufahrtsstraße weiter. Am Ende biegen Sie rechts in die Straße ein und halten sich an der folgenden Gabelung links ❸.

Rechts geht es an der Strandbar Cabanas vorbei hinunter zur Praia das Cabanas Velhas/Praia da Almádena, einem herrlichen Sandstrand, der von steilen Klippen umzingelt wird.

Strandbar Cabanas, Cabanas Velhas, 8650-111 Burgau, ☎ 968 87 19 74, täglich ab 10:00

Der Küstenpfad ist recht eindeutig auszumachen und führt Sie mit kontinuierlicher Steigung über die nächste Halbinsel bis direkt auf die jäh ins Meer abfallende Klippenpartie über der kleinen Praia dos Rebolos. Zur Linken rücken die ersten Häuser von Burgau ins Blickfeld und vor der sich steil in den Weg stellenden Landzunge schwenkt der Pfad landeinwärts und bringt Sie hinab zur Straße am Ortseingang von Burgau.

Hier wenden Sie sich nach rechts und gelangen durch eine Apartmentsiedlung in den Ort. An der Kreuzung bei der Bushaltestelle der gelben Linie 4 (Onda Amarela) aus bzw. nach Lagos halten Sie sich rechts und laufen in einer Kurve an dem kleinen Supermarkt (unsicher) vorbei. Vor dem Restaurant Esquina geht es dann nach rechts auf der – nomen est omen – Rua da Praia hinab zum Strand.

✕ Esquina, Rua da Praia 20, 8650-117 Burgau, ☏ 282 69 55 45,
im Sommer Mo-Sa ab 18:00

Für die Fortsetzung der Wanderung Richtung Lagos laufen Sie noch vor dem Parkplatz am ✕ Restaurant Varanda de Burgau mit einer schönen Aussichtsterrasse über die Bucht vorbei und leicht bergan auf die Rua da Fortaleza.

✕ Varanda de Burgau, Largo dos Pescadores 6, 8650-111 Burgau, ☏ 917 74 54 51
täglich ab 8:00

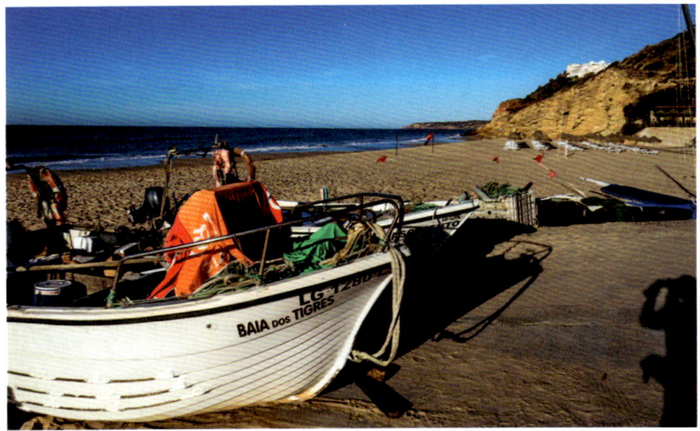

Praia da Salema

Diese führt in einer Rechtskurve an Hotels und Appartements vorbei aus dem Ort und an der Gabelung hinter dem ✕ Restaurant Bar O Navegador entscheiden Sie sich für den rechten, unteren Pistenzweig.

✕ O Navegador, Rua da Fortaleza, 8650-111 Burgau, ☏ 282 69 77 61,
Mo-Sa ab 18:30

Im weiteren Verlauf teilt sich der Weg in mehrere Trampelpfade auf, es geht aber immer am Kliff entlang und Sie halten sich immer rechts von den Grundstücken der Villen, die bis dicht ans Kliff heranreichen. Zu Ihrer Rechten rauscht tief unten die Brandung.

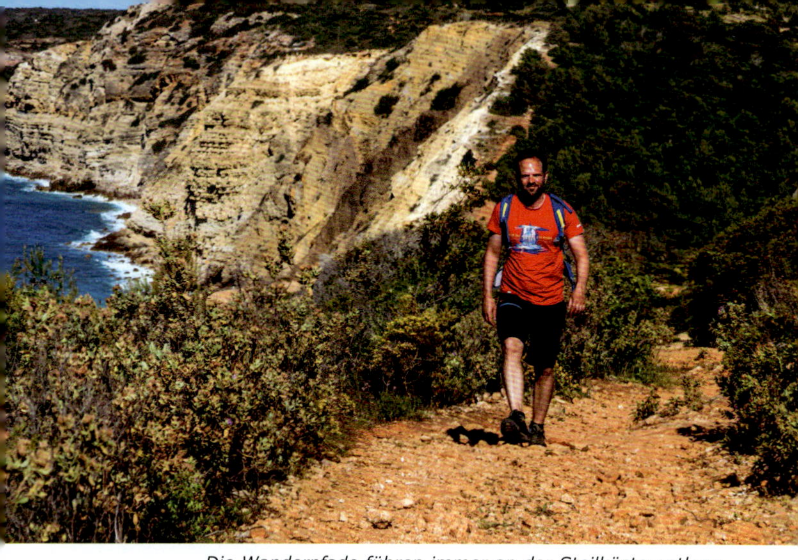

Die Wanderpfade führen immer an der Steilküste entlang

Gut 3 km hinter Burgau treffen Sie am westlichen Ortsrand von Luz auf eine breite Piste und setzen die Wanderung geradeaus Richtung Ortsmitte fort. Die Piste geht über in die Rua da Calheta und in Luz geht es deutlich geschäftiger zu als im fast familiären Burgau. Die Bars hier heißen z. B. Kellys oder The Bull und erinnern daran, dass die weite, geschützte Sandbucht schon früh von englischen Touristen entdeckt wurde und bei ihnen noch immer beliebt ist.

Im Zentrum biegen Sie vor der ✞ Igreja da Luz rechts (☺ falls Sie eine Einkaufsmöglichkeit suchen, finden Sie einen gut sortierten, durchgängig geöffneten Supermarkt oberhalb der Kirche) hinab zur breiten, palmengesäumten Strandpromenade, wo Sitzbänke, ✕ Restaurants und Beach Shops zum Verweilen einladen.

Am östlichen Ende der Promenade laufen Sie im Kreisverkehr vor den Toiletten rechts und weiter hinter der Praia da Luz entlang. Sie folgen dann der Kopfsteinpflasterstraße durch ein Villenviertel bergan und mit jedem Schritt wird das Panorama über den Strand und die Bucht von Luz größer.

Hinter den letzten Häusern biegen Sie bei der frei stehenden Villa rechts ab auf die breite Piste. Auf der Klippe voraus ist das nächste Zwischenziel nicht zu übersehen: der geodätische Vermessungspunkt in Form eines Obelisken auf dem Atalaia mit fantastischem Rundumblick ❹.

Anschließend geht es am Geländer entlang immer oben auf der Klippe weiter in östliche Richtung und am Horizont ist schon Lagos zu sehen. Nach knapp 3 km ist mit Puerto de Mós der nächste Küstenort erreicht. Hinter dem Restaurant António überqueren Sie den großen Parkplatz und laufen vor der Bushaltestelle der blauen Linie 2 (Onda Azul) an der Strandbar Campimar vorbei auf der Praia do Porto de Mós.

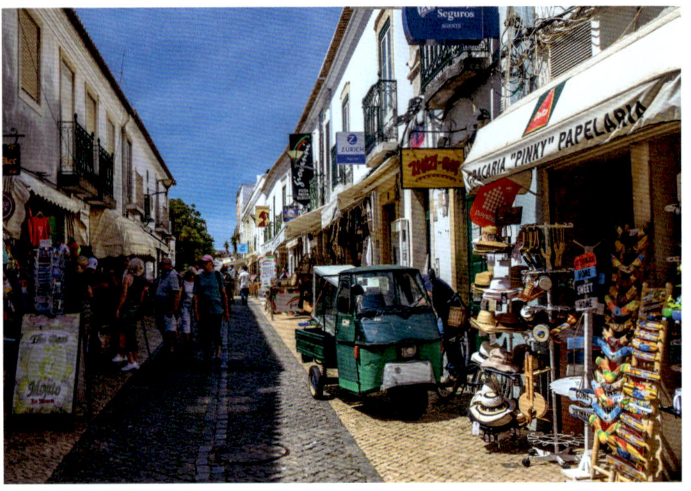

In der Altstadt von Lagos

✕ António, Praia do Porto de Mós, 8600-282 Lagos, ☏ 282 76 35 60, täglich ab 10:00

♦ Campimar, Praia do Porto de Mós, 8600-282 Lagos, ☏ 282 76 29 57, täglich ab 9:00

Für den folgenden Streckenabschnitt sollten Sie schwindelfrei sein und er ist nicht für Wanderungen in Begleitung kleiner Kinder geeignet. Bei Niedrigwasser lässt sich die Klippenpassage über den Strand umgehen.

Für die Fortsetzung der Wanderung auf der Klippe finden Sie am Ende der Terrasse des Strandlokals bei den Duschen ein paar Treppenstufen, die Sie hinauf auf den ansteigenden Pfad vorbei an der großen Hotelanlage Villa Esmeralda bringen.

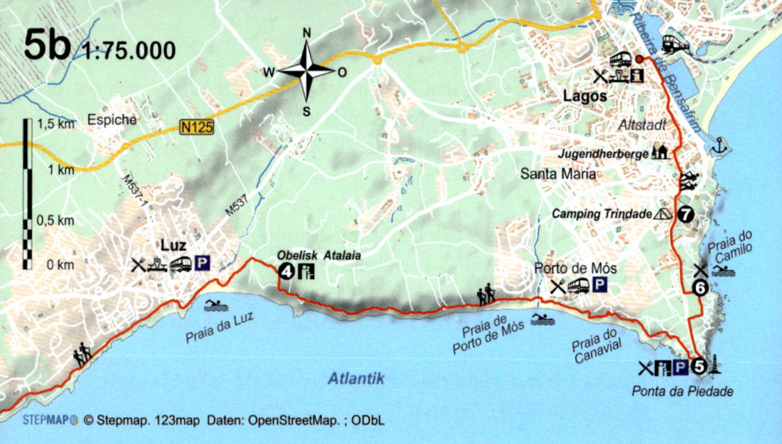

Die Grundstücke der Villen reichen nun bis wenige Meter an die Klippen heran und mitunter bleibt für den Pfad nur noch wenig Platz zwischen Zaun und der nahezu senkrecht abstürzenden Kliffkante.

Der schwerste Part wartet an einem Taleinschnitt oberhalb der Praia do Canavial. Hier zwängt sich der Pfad über enge Treppenstufen direkt am Steilhang entlang und es gibt weder Haltegriffe noch Sicherungen. Nach dem Überwinden des Engpasses steigen Sie über nun wieder einfachere Treppenstufen hinauf auf die Klippenkante und der Weg wird breiter.

Voraus taucht das Dach des Leuchtturms auf der Landspitze Ponta da Piedade zwischen den dickleibigen Blättern der Agaven am Wegesrand auf. Der Weg fächert sich in unzählige Trampelpfade auf, aber der 9 m hohe, gemauerte Turm mit dem quadratischen Grundriss ist als Wegweiser nicht zu verfehlen ❺.

Der Leuchtturm wurde bereits 1914 in Betrieb genommen, arbeitet inzwischen aber vollautomatisiert und mit elektrischen Glühlampen. Nachdem Sie das eingezäunte Gelände des Leuchtturms umrundet haben, finden Sie sich im Trubel an der Ponta da Piedade wieder. Die bizarren Felsformationen sind ein beliebtes Ausflugsziel und eine Holztreppe führt hinunter ans Meer, wo Ausflugsboote zu etwa halbstündigen Grottenfahrten ablegen.

Für die Fortsetzung der Wanderung nach Lagos biegen Sie bei den Souvenirständen hinter der ✕ Bar Sol Nascente auf die Straße.

✕ Sol Nascente, Estrada da Ponta da Piedade, 8600-544 Lagos, ☏ 282 76 87 16, täglich ab 8:00

Alternativ können Sie den letzten Abschnitt nach Lagos auch mit der Bimmelbahn (comboio turístico) zurücklegen. Diese startet vom Parkplatz an der Ponta da Piedade und fährt in etwa 30 Min. über der Praia Dona Ana und entlang der Uferpromenade bis zur Marina in Lagos. Das Ticket kostet ca. € 3.

Aufgrund der regen Bautätigkeiten gibt es auf der verbleibenden Strecke bis Lagos keinen durchgehenden Pfad entlang der Küste mehr und Sie laufen am besten auf dem Bürgersteig entlang der Straße. Nach gut 600 m liegt rechts die Praia do Camilo. Sie passieren das Fischrestaurant O Camilo ❻.

O Camilo, Estrada da Ponta da Piedade/Praia do Camilo, 8600-544 Lagos, 282 76 38 45, Di-So ab 11:00

Ein Holztreppchen führt hinab zum Badestrand, der aufgrund seiner geringen Größe und der idyllischen Umgebung allerdings oft überlaufen ist.

Knapp 1 km weiter passieren Sie den zwar zentralen, aber nicht besonders einladenden Campingplatz von Lagos ❼. Dahinter halten Sie sich rechts und

Praia do Camilo

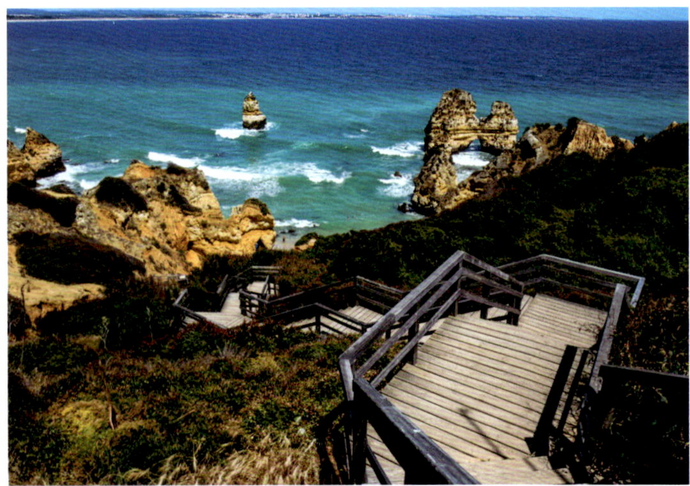

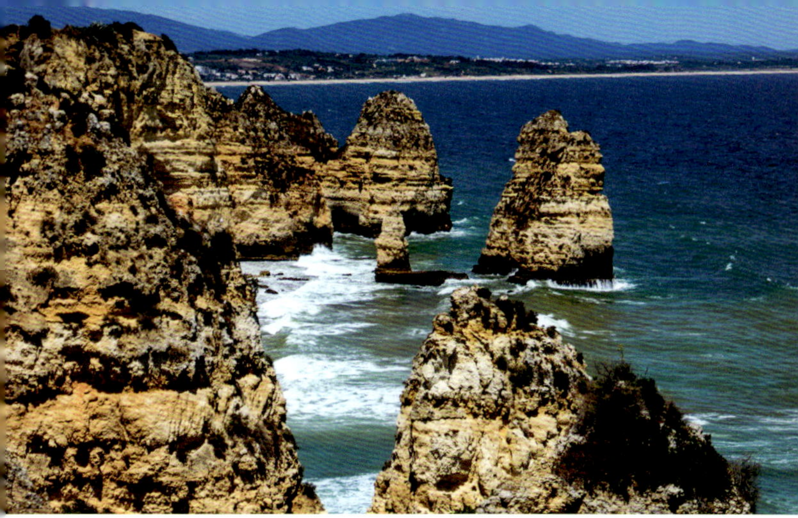

Ponta da Piedade

überqueren am Fußgängerüberweg die N125, um dann geradeaus auf der Rua Professor Luiz Mendes-Victor weiterzulaufen.

An dem kleinen Platz mit ⛼ Sitzbänken unter schattigen Palmen vor der Stadtmauer laufen Sie auf der Straße nach links weiter und anschließend an der Gabelung hinter dem rosafarbenen Haus rechts auf die Rua 5 de Outubro, die Sie am Ende in einer Rechtskurve zur ✞ Igreja de Santo António bringt.

Die einschiffige Kirche zählt zu den schönsten Kirchen in ganz Portugal mit einem prächtigen Innenleben und es lohnt sich, einen Blick auf die vergoldeten Wandschnitzereien und die prunkvolle Deckenmalerei zu werfen.

Mit der Kirche im Rücken setzen Sie Ihre Wanderung auf der Rua General Alberto da Silveira fort, die in die Rua 25 de Abril 1974 übergeht und parallel zur Ribeira de Bensafrim durch die Altstadt führt.

Sie erreichen die zentrale Praça Gil Eanes, an der neben der ℹ städtischen Touristeninformation auch ✕ zahlreiche Kneipen und Restaurants zu finden sind. Hier wenden Sie sich nach rechts, um auf die Hafenpromenade zu gelangen, und folgen dieser nach links flussaufwärts. Auf Höhe der Marina am gegenüberliegenden Ufer liegt linker Hand der 🚌 Busbahnhof für die Fernbusse zurück nach Salema (Terminal Rodoviário).

6 Am Stausee Barragem da Bravura

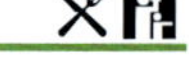

Ruhige Rundwanderung für Seenliebhaber

Der Stausee Barragem de Bravura im Hinterland zwischen Lagos und Portimão ist ein reizvolles Wandergebiet inmitten einer mit Eukalyptuswald bestandenen Hügellandschaft. Da nur wenige Touristen den Weg von der Küste hierhin suchen, bleibt es selbst in der Hochsaison schön ruhig.

- Start/Ziel: Restaurant Hello Goodbye, GPS N 37°12.063' W 008°41.956'
- 8,1 km
- 2 Std. 15 Min.
- 210 m/210 m
- 90-170 m
- Die vorgestellte Route ist nicht markiert, aber leicht zu finden.
- breite, unbefestigte Pisten, im ersten Teil schattiger Eukalyptuswald, in der zweiten Hälfte sonnenexponiert
- Restaurant Hello Goodbye (km 0,1/km 8,0)
- unterwegs keine Sitzgelegenheiten
- Die Tour ist für Kinder gut geeignet und durchgehend autofrei. Gerade auf der ersten Hälfte der Strecke entlang des Seeufers mit seinen unzähligen Seitenarmen gibt es für die Kinder eigentlich immer etwas zu entdecken.
- Die Tour ist aufgrund des schattigen Eukalyptusbestands gut für Hunde machbar und der Stausee bietet ausreichend Trinkmöglichkeiten.
- P Großer Parkplatz direkt vor dem Restaurant; zur Anfahrt in Odiáxere von der N125 auf die N125-9 abbiegen und für etwa 9 km der Ausschilderung „Barragem“ folgen. Ein zweiter Parkplatz findet sich 50 m weiter oberhalb der Staumauer.

Die Tour startet am Parkplatz an dem nach einem Beatles-Song benannten Restaurant Hello Goodbye.

Hello Goodbye, Rua Barragem da Bravura N125-9, Bensafrim, ☏ 282 68 78 10, www.hellogoodbye.eu, Feb.-Okt. tgl. Mi-So 11:00-17:00, Mo und Di geschlossen

Sie folgen den gelben Schildern mit der dreisprachigen Aufschrift „Walking to The Wall/Staudamm/Barragem“ über die Terrasse und steigen hinter den Toiletten auf den Treppenstufen durch den Wald hinab zum Staudamm.

↬ Wenn Sie am zweiten Parkplatz 50 m hinter dem Restaurant starten, können Sie auch einfach die Straße hinunterlaufen.

Die bogenförmige, 150 m lange und 41 m hohe Staumauer wurde Ende der 1950er-Jahre errichtet, um die Ribeira de Odiáxere zur Wasserversorgung der Städte und Dörfer an der Küste aufzustauen. Darüber hinaus dient die Talsperre auch der Stromerzeugung im Kraftwerk Odiáxere.

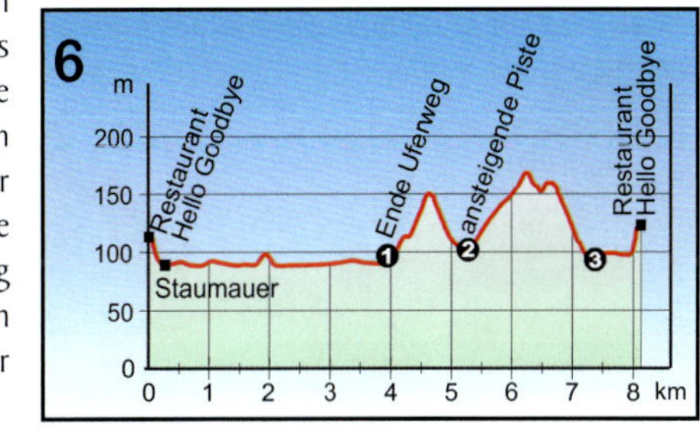

Nach dem Überqueren des mächtigen Bauwerks folgen Sie der breiten Piste nach links. Sie laufen im angenehmen Schatten der Eukalyptusbäume ohne Steigungen am Ufer entlang und immer wieder bieten sich schöne Ausblicke über den weitverzweigten Stausee.

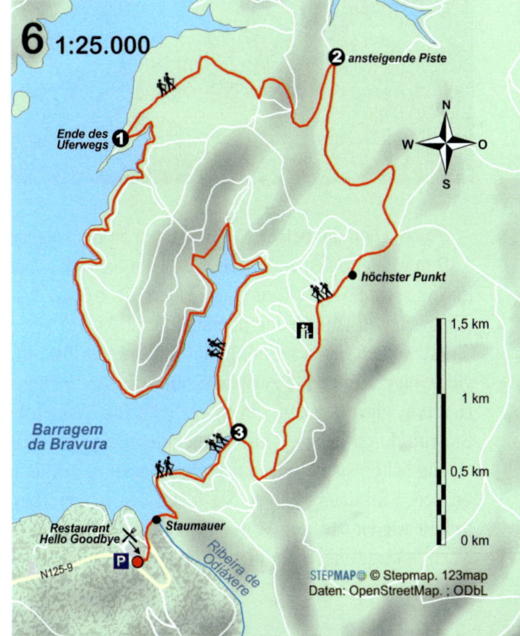

Nach rund 4 km erreichen Sie eine Landspitze, die sich schmal in den See erstreckt ❶. Der Weg beschreibt nun eine scharfe Rechtskurve und führt in nordöstliche Richtung durch den Wald bergauf. Der Anstieg ist kurz, aber knackig und der Untergrund wechselt zu gröberem Schotter. An der Wegkreuzung nach 850 m halten Sie sich links und laufen nach links weiter Richtung Seeufer. Es geht nun wieder leicht bergab und an der nächsten Kreuzung nach 200 m geht es auf der breiten Piste weiter geradeaus (der Weg nach links endet als steile, rutschige Sackgasse am Seeufer).

Nach einer weiten Linkskurve treffen Sie auf eine breitere Piste ❷, welche Sie nach rechts kontinuierlich bergauf führt. Nach 850 m flacht die Steigung etwas ab und an der größeren Wegkreuzung halten Sie sich rechts und laufen weiter bergauf.

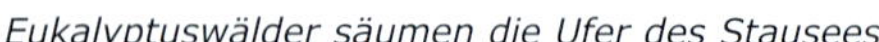
Eukalyptuswälder säumen die Ufer des Stausees

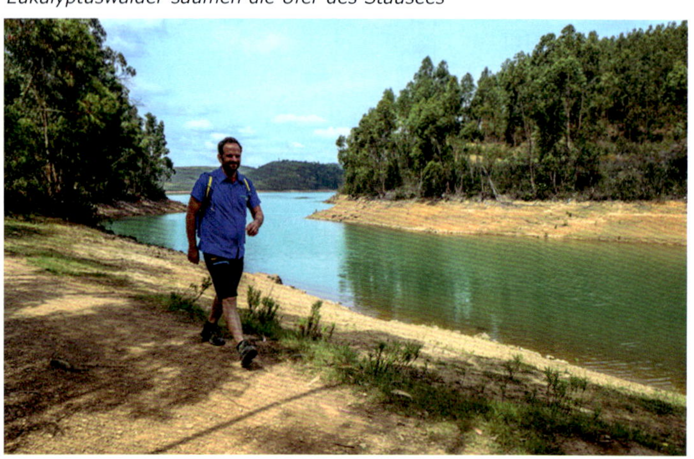

Auch wenn die beiden Wegvarianten an der folgenden Gabelung bereits nach 150 m wieder aufeinandertreffen, sollten Sie sich aufgrund der besseren Aussicht für die rechte Möglichkeit entscheiden, denn kurz darauf wird der höchste Punkt der gesamten Wanderung überschritten.

Sie setzen die Wanderung auf der breiten Piste in südliche Richtung fort. Es gibt einige schöne Ausblicke über die sanfte Hügellandschaft und nach einer Lichtung glitzert auf der rechten Seite die Wasseroberfläche des Barragem da Bravura durch die im Wind raschelnden Eukalyptusblätter.

Sie halten sich an der folgenden Gabelung rechts und an der anschließenden größeren Kreuzung biegen Sie rechts ab. Es geht bergab Richtung See und Sie treffen wieder auf den vom Beginn der Wanderung bekannten Seeuferweg ❸. Nach links gelangen Sie in 15 Min. zurück zum Auto.

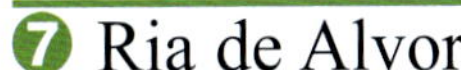

7 Ria de Alvor

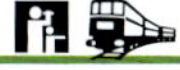

Einfache Wanderung für Naturliebhaber und Ornithologen

Westlich des Badeortes Alvor erstreckt sich die von Dünen geschützte, etwa 2,5 km breite Lagune Ria de Alvor im Mündungsbereich der vier kleinen Flüsse Odiáxere, Arão, Farelo und Torre. Das vielfältige Mosaik aus Schlick, Sandbänken und Salzwiesen in der vom offenen Meer abgetrennten Dünen- und Wattlandschaft ist ein wichtiger Lebensraum für eine vielfältige Vogelfauna und bei einem Spaziergang stehen die Chancen gut, Reiher, Flamingos und andere Wasservögel zu sichten. Ein besonderes Erlebnis ist die Zeit des Vogelzuges im Herbst und Winter, wenn sich hier eine große Anzahl von Wat- und Sperlingsvögeln einstellt.

Start/Ziel: Bahnhof von Mexilhoeira Grande an der Stichstraße südlich der N125 zwischen Lagos und Portimão, GPS N 37°09.261' W 008°36.585'

8,1 km

2 Std.

90 m/90 m

0-35 m

Die vorgestellte Route ist als Wanderweg POR-PR1 (Rocha Delicada) durchgehen gelb-rot markiert.

unbefestigte Wege und Schotterpisten, im Sommer kein Schatten

keine Einkehrmöglichkeiten

keine Sitzgelegenheiten

Die Tour ist für Kinder unproblematisch, auf den Pisten zwischen Mexilhoeira Grande und dem Damm bei Rocha Delicada sind nur sporadisch Autos unterwegs. Am lohnenswertesten ist der Rundweg auf dem Damm selbst (Rundweg ca. 2,2 km).

Die Tour ist gut für Hunde machbar, an der Vogelschutzstation sind Hunde verboten.

Der Bahnhof von Mexilhoeira Grande liegt an der Hauptbahnstrecke der Algarve von Vila Real de Santo António im Osten nach Lagos im Westen (ca. zehn Verbindungen pro Tag).

P Ausreichend Parkmöglichkeiten vor dem Bahnhofsgebäude. Als alternativer Startpunkt für den etwa 2,2 km langen Rundweg auf dem Damm um die Marschwiesen bietet sich der Parkplatz am Rocha Delicada an, GPS N37°07.943' W8°36.712'.

Die Wanderung beginnt am Bahnhof Mexilhoeira Grande am Ende der Stichstraße südlich der N125. Überqueren Sie hinter dem Bahnhofsgebäude die Gleise und wenden Sie sich auf dem gegenüberliegenden Bahnsteig nach rechts. Sie setzen die Wanderung auf der Schotterpiste neben den Schienen fort.

Laufen Sie dann an der Kreuzung bei dem Wanderwegweiser des PTM-PR1 („Sentido do Recomendado" = empfohlene Richtung, auf dem Weg von links kommen Sie am Ende zurück) am Bahnübergang vorbei weiter geradeaus auf der Schotterpiste ❶.

Sie laufen nun noch für etwa 800 m weiter parallel zu den Bahnschienen und biegen dann vor einem Haus und einer größeren Halle in einer Linkskurve ab. Vorbei an den Fischteichen erreichen Sie die Watt- und Salzwiesenlandschaft im Mündungsbereich der Ribeira de Odiaxére.

Die breite Piste führt ohne Höhenunterschiede am Zaun entlang und es sind kaum Autos unterwegs. Knapp 3 km nach dem Start am Bahnhof in Mexilhoeira Grande erreichen Sie eine Wegkreuzung, die Sie zunächst gerade überqueren (im späteren Verlauf kommen Sie hier von rechts zurück und setzen den Weg nach links zurück zum Ausgangspunkt der Wanderung fort), und wenig später am Ende der Piste den Parkplatz an der Rocha Delicada („empfindlicher Felsen"), einer markanten Klippe, unter der es auch einen kleinen Strand gibt.

Salzwiesen am Rand der Lagune

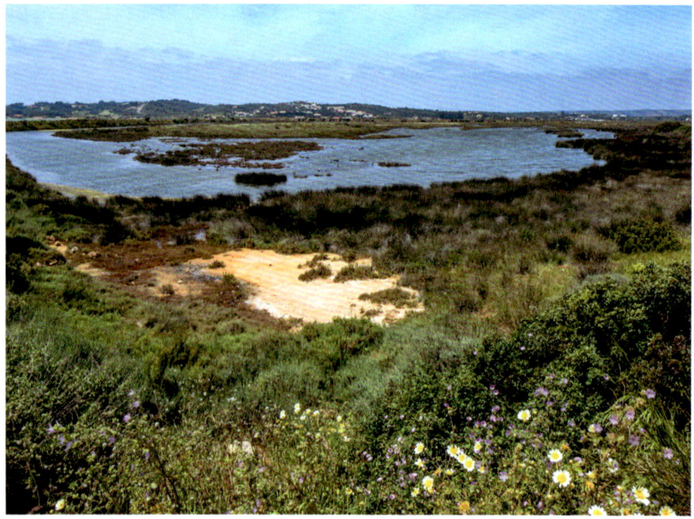

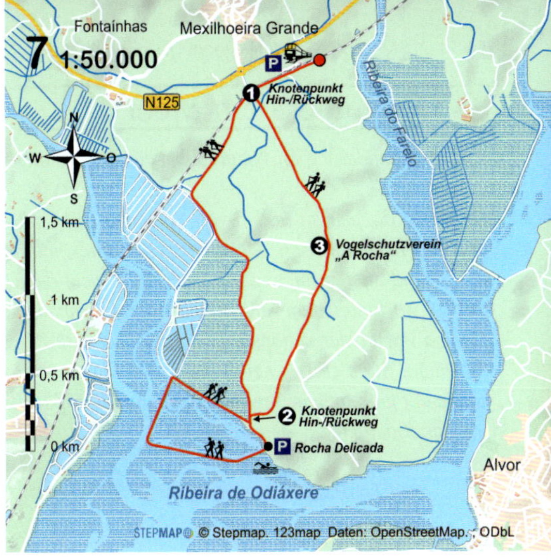

Hier biegen Sie bei der Infotafel im 90°-Winkel rechts auf den künstlich angelegten Damm, der Sie zwischen der Lagune links und der Wattlandschaft rechts in westliche Richtung führt. Die Augen haben es schwer, sich zu entscheiden, wohin sie zuerst gucken sollen. Linker Hand liegen der Mündungsbereich des Rio de Alvor und die dahinter in der Sonne leuchtenden Dünen unterbrochen von einer Einfahrtsschneise für die Fischer- und Ausflugsboote. Voraus reicht der Blick über die Ribeira de Odiáxere gen Lagos und rechts vom Deich befindet sich eine eindrucksvolle Wattlandschaft, in der sich immer wieder Schwäne, Reiher und andere Wasservögel entdecken lassen.

Nach 750 m knickt der Damm im rechten Winkel nach Norden und 450 m weiter dann nach Osten ab und bringt Sie zurück an die bekannte Wegkreuzung vor der Quinta da Rocha ❷.

Hier laufen Sie nun geradeaus weiter und wandern durch Getreidefelder und Weideflächen durchsetzt mit Mandel-, Feigen- und Zitrusbäumen nach Nordosten. Nach etwa 1,3 km erreichen Sie den Sitz des Vogelschutzvereins A Rocha ❸.

⌘ A Rocha, Apartado 41, 8501-903 Mexilhoeira, ☏ 282 96 83 80), 💻 www.arocha.pt, 🚪 die Station ist jeden Donnerstagvormittag von 10:00 bis 12:30 für Besucher geöffnet und informiert über ihre Arbeit. Es gibt auch einen kleinen Ausstellungsraum sowie die Möglichkeit zur Übernachtung in Einzel-, Zweibett- oder Mehrbettzimmern sowie geführte vogelkundliche Wanderungen (💻 w.arochalife.com).

Gut 1 km weiter bringt Sie die breite Piste an die vom Hinweg bekannte Kreuzung, wo Sie sich nach rechts wenden (Camino Benavidos), um zurück zum Bahnhof zu laufen.

8 Hoch über dem Meer

Einfache Wanderung für Naturliebhaber und Ornithologen

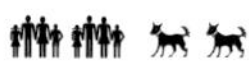

Die Praia do Vau im Süden von Portimão lockt mit einer großen Strandbucht und malerischen Felsen. Meist herrscht buntes, munteres Treiben, insgesamt ist der Strand aber weniger stark verbaut als sein östlicher Nachbar, die Praia da Rocha, wo hinter dem Strand unzählige Hochhäuser in den Himmel schießen. Östlich wartet der schönste und spektakulärste Abschnitt der Felsenküste bei Portimão. Stets gibt es neue, pittoreske Klippenformationen zu entdecken und schmale Pfade bieten Abenteuerlustigen die Möglichkeit zum Abstieg in einsame Sandbuchten.

↻ Start/Ziel: Praia do Vau, GPS N 37°07.223' W 008°33.466'

4,3 km

1 Std. 15 Min.

↑ ↓ 100 m/100 m

⇧ 0-50 m

Die Tour ist nur sporadisch als Wanderweg POR-PR3 mit gelb-roten Markierungen versehen, aber gut zu finden.

Sandstrand, unbefestigte Wege und schmale, z. T. exponierte Klippenpfade, Rutschgefahr bei Nässe, das gilt insbesondere bei den steilen Abstiegen hinunter zu den Buchten.

umfangreiche Restaurantmeile an der Praia do Vau, u. a. Restaurant Lino (km 0,2/km 4,1)

keine Sitzgelegenheiten

kleiner Supermarkt an der Praia do Vau (km 0/km 4,3)

Aufgrund einiger einfacherer „Kletterpartien" und schmaler Pfade auf den Klippen ist die Tour nur für ältere und trittsichere Kinder geeignet.

Die Tour ist für Hunde geeignet, Sie sollten aber ausreichend Trinkwasser mitführen.

Die Stadtbuslinie 35 verkehrt tagsüber im regelmäßigen 30-Minuten-Rhythmus vom Stadtzentrum in Portimão zur Praia do Vau (www.cm-portimao.pt/servicos-municipais/vai-e-vem, nur in portugiesischer Sprache).

P Parkplatz an der Praia do Vau; Anfahrt über die Autobahn A22 bis zur Abfahrt Portimão, dann auf der N124 weiter nach Portimão und der Ausschilderung zur Praia da Rocha folgen, kurz vor der Küste dann rechts ab. Als alternativer Startpunkt (z. B.

um mit Hunden den belebten Strandabschnitt zu vermeiden) bietet sich der unbefestigte Parkplatz in der westlichen Verlängerung an der Praia do Alemão an, GPS N 37°07.223' W 008°33.863'.

Der Auftakt der Wanderung wird von der Tide bestimmt. Bei Ebbe können Sie vom Parkplatz an der Praia do Vau zwischen den ✕ Restaurants entlang der Strandpromenade hindurch auf den Strand laufen und wenden sich auf diesem nach rechts. Sie erreichen zwischen den Felsen hindurch die sich westlich anschließende Praia do Alemão. Hier halten Sie sich am Ende rechts und erreichen einen kleinen, nicht asphaltierten Parkplatz.

Bei Hochwasser laufen Sie besser oben auf der Klippe entlang. Der Pfad beginnt am Ende des Parkplatzes an der Estrada do Vau beim ✕ Restaurant Lino und trifft etwa 600 m weiter westlich auf den erwähnten Parkplatz.

✕ Lino, Coral do Vau, Portimão, ☎ 282 40 12 13, Di-So ab 9:00

Dort führen direkt hinter der Wander-Infotafel Naturstufen im Lehmboden hoch aufs Kliff und begleitet von tollen Ausblicken setzen Sie die Wanderung in westliche Richtung fort. Zurück reicht der Blick bis zu den Hochhäusern an der Praia da Rocha in Portimão, voraus breitet sich die spektakuläre Steilküste aus, vor der mächtige Felsen der Meeresbrandung trotzen. Immer wieder verlocken die nach links mehr oder weniger steil absteigenden Trampelpfade zu einem Abstecher in die einsamen, traumhaften Sandbuchten.

Sie bleiben aber immer oben auf den Klippen und laufen hinter den Grundmauern einer Hausruine nach links auf ein neues Anwesen zu. Hier wenden Sie sich zunächst nach links und halten sich dann am Ende des Zaunes rechts, um zwischen dem Grundstück und der Absperrung an den Dolinen im

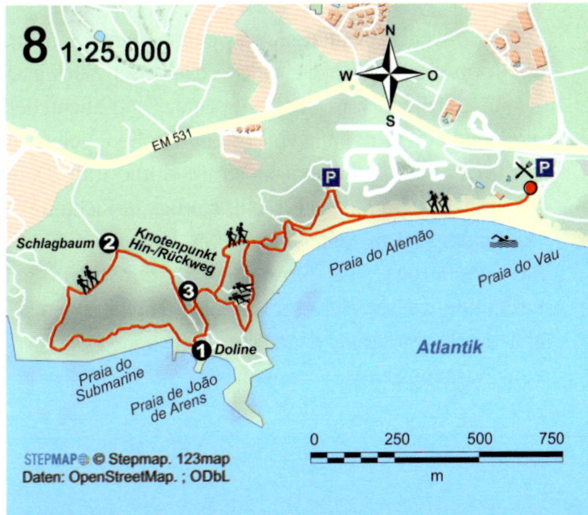

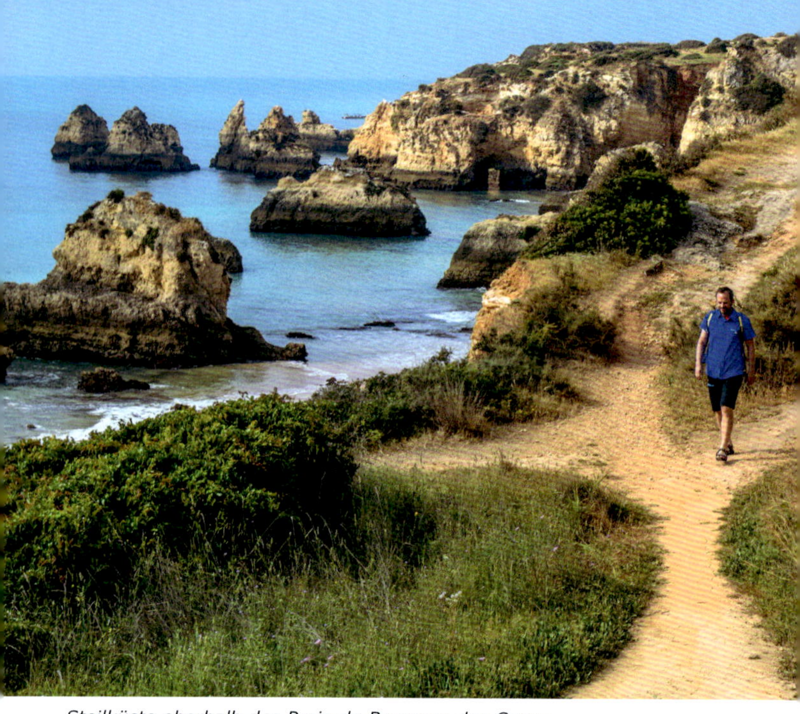

Steilküste oberhalb des Praia do Barranco das Canas

Kalkstein weiterzulaufen. Am zweiten, kleinen Einsturztrichter bietet eine Holzplattform die Möglichkeit, einen gefahrlosen Blick in die Tiefe zu werfen ❶.

Anschließend wird der Pfad schmal und abenteuerlich und führt stellenweise direkt am Abgrund entlang. Vor dem großen, gelben Anwesen schwenkt der Pfad nach rechts in den lichten Kiefernwald und trifft dahinter auf einen breiten, sandigen Pfad, dem Sie nach rechts zurück in Richtung Praia da Vau folgen.

Knapp 250 m weiter biegen Sie hinter dem Schlagbaum ❷ nach rechts auf die Schotterpiste, die Sie nach weiteren 300 m zu dem bereits vom Hinweg bekannten weißen Anwesen ❸ führt. Hier wenden sich nach links und gelangen erst durch den Wald, dann über die Klippen und schließlich den Strand zurück zum Ausgangspunkt.

9 Marmelete

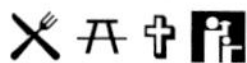

Wanderungen für Ruhesucher

Das ruhige Dorf Marmelete zwischen Monchique und Aljezur ist Ausgangspunkt einer einsamen Wanderung auf den eher unbekannten Picos-Gipfel (577 m) an den westlichen Ausläufern des Monchique-Gebirges. Neben dem Ausblick kann die Tour mit stillen Wanderwegen erst durch schattige Eichen – später dann Eukalyptuswälder punkten.

Start/Ziel: Nördlicher Ortsausgang von Marmelete an der N267 von Monchique nach Aljezur, GPS N 37°18.707' W 008°40.009'

9,3 km

2 Std. 30 Min.

380 m/380 m

360-580 m

Die vorgestellte Route ist als Wanderweg MCQ-PR6 durchgehend mit gelb-roten Markierungen versehen.

überwiegend Schotterpisten und unbefestigte Wege, teilweise schattige Forstwege unter Eukalyptusbäumen und Korkeichen, kürzere Abschnitte auf überwachsenen, schmalen Pfaden

mehrere Restaurants an der Hauptstraße in Marmelete, z. B. SnackBar Luz (abseits des Weges) und Restaurant Sol e Serra (km 0/km 9,3)

Rastbank mit Tisch auf dem Picos-Gipfel (km 6), Sitzbänke am Dorfplatz in Marmelete (km 8,8), unterwegs sonst keine Sitzgelegenheiten

kleiner Minimarkt an der Hauptstraße in Marmelete (abseits des Weges)

Die Tour ist für Familien mit älteren Kindern geeignet. Zu klein sollten diese aber nicht sein, sonst hätten Sie auf den überwachsenen Pfaden ständig die Äste und Blätter im Gesicht.

Die Tour ist aufgrund des einsamen und schattigen Wegverlaufs gut für Hunde machbar. Trinkwasser muss aber mitgeführt werden.

Es besteht eine nur sporadische Busverbindung von Monchique nach Marmelete mit maximal zwei Verbindungen pro Tag, die daher für die An- und Abreise bei einer Wanderung nicht geeignet sind.

P ausreichend Parkmöglichkeiten am Fahrbahnrand

Die Wanderung beginnt am nördlichen Ortsausgang von Marmelete in Richtung Aljezur. Hier biegen Sie hinter der Tankstelle bei der Bushaltestelle nach rechts auf den schmalen Kopfsteinpflasterweg, der in einer Rechtskurve vorbei an Gemüsebeeten zu einer asphaltierten Straße führt.

Dieser folgen Sie nach rechts bergan und biegen vor der kleinen ✝ Kapelle Santo António aus dem späten 18. Jh. nach links auf die unbefestigte Piste ab. Nach knapp 900 m laufen Sie an der Gabelung hinter dem Stallgebäude am rechten Pistenrand weiter geradeaus (Wegweiser „Cavão" an der Piste nach rechts), biegen dann aber gleich bei der nächsten Möglichkeit 50 m weiter vor den Zäunen am Farmgebäude im rechten Winkel auf die abfallende Piste nach rechts. Voraus rücken am Horizont die Sendemasten auf dem Fóia, dem mit 901 m höchsten Gipfel der Serra de Monchique, ins Blickfeld.

In der nach gut 200 m folgenden, engen 180°-Serpentine kehren Sie dann der Piste den Rücken und nehmen den schmalen, nach rechts abzweigenden Pfad ❶. Er wird von Adlerfarn gesäumt und verläuft unter Schatten spendenden Korkeichen, um nach rund 500 m wieder auf eine breitere Piste zu treffen, der Sie nach links bergab folgen.

Die Piste setzt zu einem Zwischenanstieg an und an der der Gabelung (kleines Haus rechts oberhalb am Weg) geht es rechts auf der Schotterpiste weiter. Sie laufen in Kurven hinab und vorbei an einem größeren Stallgebäude. Bei den folgenden Hofgebäuden halten Sie sich rechts und laufen dann vor der Hofzufahrt wieder rechts und unterhalb der Rückseite des bekannten Stallgebäudes in östliche Richtung weiter.

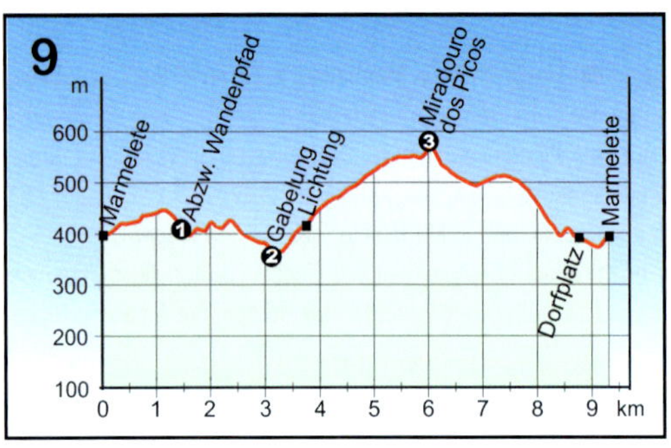

An der Gabelung direkt hinter dem tiefsten Punkt halten Sie sich rechts ❷. Knapp 250 m weiter beschreibt der Forstweg eine scharfe Rechtskurve und Sie laufen geradeaus auf einem stark überwachsenden Pfad weiter, der sich bald zu einem noch schmaleren Trampelpfad verjüngt und bergan durch den Wald führt.

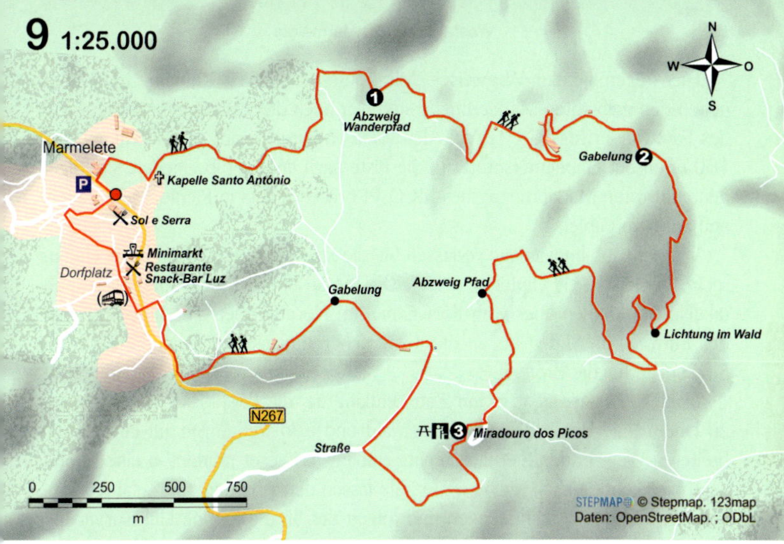

Nach 320 m schlägt der Pfad einen Haken nach rechts und trifft an einer Ruine auf eine ebenfalls überwachsene, (etwas) breitere Fahrspur, auf der Sie Ihre Wanderung nach links fortsetzen.

Der Weg gewinnt kontinuierlich an Höhe und Sie erreichen eine kleine, offenere Schotterfläche, wo Sie der engen Pistenkehre nach rechts folgen. Der Weg wird wieder freier und besser zu laufen. Vor dem nächsten Steinhaus laufen Sie nach links auf der Piste weiter bergan und der Bewuchs wechselt von Eichen zu Eukalyptus.

Nach rund 320 m heißt es aufgepasst: Hier dürfen Sie nicht weiter geradeaus laufen, sondern folgen der engen Kehre nach rechts. Es geht weiterhin bergauf und an der Weggabelung nach einem großen Felsen rechts im Wald halten Sie sich links. Ebenso verhalten Sie sich an der nach weiteren knapp 400 m folgenden Gabelung.

Noch einmal 150 m weiter ist die nächste, etwas unscheinbare Weggabelung erreicht. Hier wenden Sie sich nach links und laufen auf dem schmalen, z. T. zugewachsenen Pfad weiter, der sich bald zu einem Weg weitet und zwischen einer Felsgruppe im Wald hindurchführt.

Wenige Meter dahinter folgen Sie der Lehm-/Sandpiste nach links und laufen dann auf dieser in einer Rechtskurve weiter in südliche Richtung, vorbei an weiteren imposanten Felsblöcken zu Ihrer Rechten und erreichen schließlich eine asphaltierte Straße.

Hier folgen Sie dem Wegweiser „Miradouro dos Picos 200 m" nach links und neben den gelb-roten Markierungen sind hier auch die weiß-roten Markierungen des Fernwanderwegs GR 13/Via Algarviana vorhanden, der sich allerdings nach 100 m an der Gabelung sofort auf die Piste nach links verabschiedet. Sie folgen den gelb-roten Markierungen des MCQ-PR6 nach rechts in Richtung der Antennen auf dem Gipfel.

Vor der Mobilfunkanlage verlassen Sie die Straße und laufen am Zaun entlang rechts hoch zum Gipfel des Picos ❸. Der Ausblick ist nicht sonderlich spektakulär, Sie können aber vom Fóia-Gipfel im Norden über die Hügellandschaft des Barrocal im Süden bis an die Küste sehen und es gibt einen Tisch mit Sitzbänken für die Brotzeit.

Nach der Pause geht es am Zaun entlang um die Felsblöcke herum abwärts zu einem Pfad durch den Eukalyptuswald und bald treffen Sie auf einen etwas breiteren Weg, in den Sie nach rechts einbiegen. Dieser mündet in eine Straße, auch hier geht es nach rechts weiter. Sie lassen den Abzweig zur Zufahrtsstraße auf den Miradouro rechts liegen und folgen der Straße in eine Linkskurve. Der Wegverlauf ist nun wieder identisch mit dem des GR 13/Via Algarviana.

An der nächsten Gabelung führen die gelb-roten und weiß-roten Markierungen von der Straße nach links hinunter auf eine steile, etwas rutschige Piste, die hinab zur N267 am südlichen Ortsrand von Marmelete führt.

Eukalyptus ist wegen seines schnellen Wachstums und den guten Holzeigenschaften beliebt.

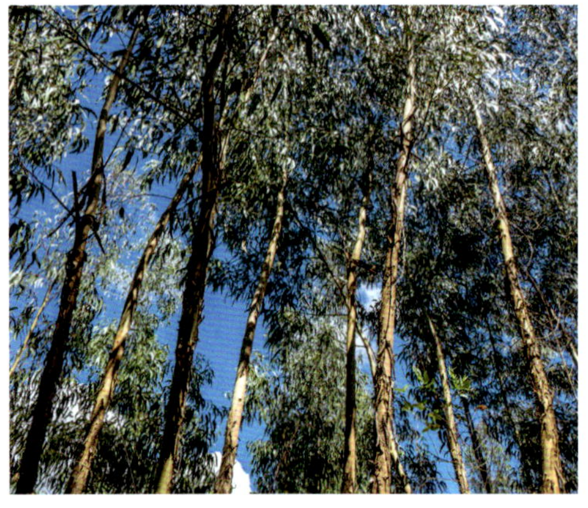

Die gelb-roten Markierungen führen Sie nun mit mehreren Schlenkern durch den Ort und wer es eilig hat, zum Auto zurückzukommen, läuft einfach auf der Hauptstraße nach rechts zurück zum Ausgangspunkt.

Die Wanderwegmarkierungen führen kurz vor dem Erreichen der N267 nach rechts auf einen Pfad, der in einem Linksbogen ebenfalls zur

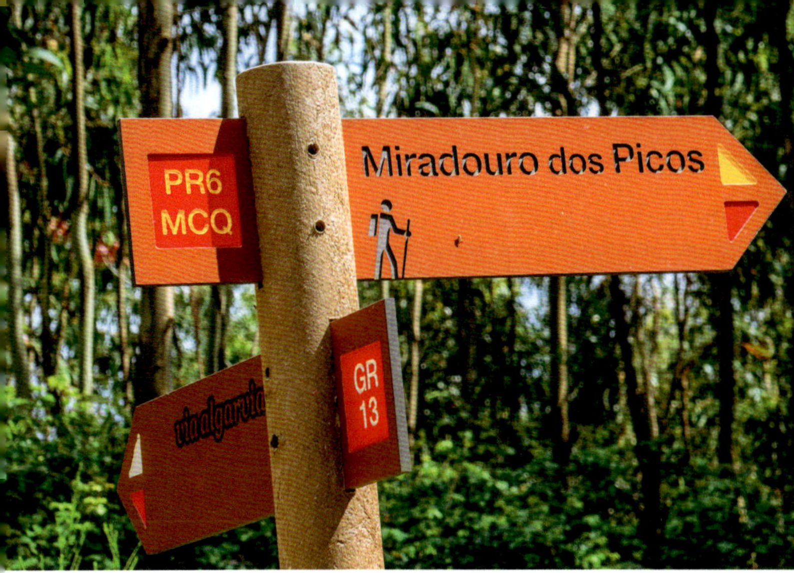

Wegweiser zum Aussichtspunkt

Straße führt. Nach dem Überqueren der N267 laufen Sie nach rechts auf der Rua Inácio v. Cabrita zum zentralen Platz mit der ✞ Gemeindekirche von Marmelete, zahlreichen Sitzbänken und einer Infotafel zum Wanderweg.

Rechts oberhalb an der Hauptstraße ist das ✕ Restaurant SnackBar Luz eine der Einkehrmöglichkeiten in Marmelete.

✕ SnackBar Luz, Largo Cel. Artur Moreira, 8550-145 Marmelete, ☏ 282 95 52 44, So-Fr 9:00-14:00

Die Markierungen führen auf der Rua Francisco Furtado geradeaus in Richtung Gemeindeverwaltung (Junta de Freguesia). Sie passieren einen Brunnen und laufen dann am weißen Haus mit den blauen Fensterrahmen nach rechts hoch (der GR 13 geht nach links weiter). Vor dem nächsten Brunnen laufen Sie nach rechts und kommen neben dem ✕ Restaurant Sol e Serra zurück an die N267 und dem Ausgangspunkt der Wanderung.

✕ Sol e Serra, N267, 8550-145 Marmelete, ☏ 282 95 51 02, keine festen Öffnungszeiten)

10 Auf dem Gipfel der Algarve

Kurzweilige Rundwanderung mit vielen Ausblicken

Der Fóia ist der höchste und beliebteste Ausflugsgipfel in der Serra de Monchique. Am Aussichtspunkt geht es zwar recht touristisch zu, aber der Ausblick kann begeistern und auf dieser schönen Rundwanderung entlang des Südosthangs kehren Sie dem Trubel den Rücken.

Start/Ziel: Aussichtspunkt auf dem Fóia, GPS N 37°18.941' W 008°35.608'

7,1 km

2 Std. 15 Min.

330 m/330 m

625-900 m

Die vorgestellte Route ist als MCQ-PR3 durchgehend gelb-rot markiert.

überwiegend unbefestigte Wege und ein kürzerer Abschnitt auf einer Asphaltstraße

Restaurant Planalto am Aussichtspunkt (km 0/km 7,1), benachbarte Restaurants A Rampa und Paraiso da Montanha an der N266-3 (km 4,8)

zahlreiche Sitzgelegenheiten rund um den Aussichtspunkt zum Beginn bzw. Ende der Wanderung (km 0/km 7,1), keine Sitzgelegenheiten entlang der Strecke

Souvenirshop auf dem Fóia-Gipfel (km 0/km 7,1)

Die Tour ist für Familien mit älteren Kindern geeignet. Lediglich auf dem kurzen Abschnitt entlang der N266-3 in der zweiten Tourenhälfte ist mit geringem Autoverkehr zu rechnen. Hinter dem Restaurant auf dem Gipfel gibt es einen kleinen Spielplatz.

Die Tour ist gut für Hunde machbar.

P großer Parkplatz am Aussichtspunkt; die Anfahrt auf der N266-3 (Estrada da Fóia) aus Monchique ist ausgeschildert

Der 902 m hohe Fóia-Gipfel etwa 8 km westlich von Monchique ist der höchste Punkt der Algarve. Schon die Anfahrt auf der kurvenreichen, von Eukalyptus und Pinien gesäumten Straße bietet schöne Ausblicke auf die Hügel des Hinterlands. Oben angekommen folgt dann erst einmal Ernüchterung, denn der Gipfel ist mit Sendemasten, militärischen Abhöranlagen und Radarantennen übersäht und auch das Restaurant/Snackbar/Cafeteria Planalto sowie der Souvenirladen nebenan wirken etwas lieblos.

Planalto, N266–3/Estrada da Fóia, 8550-375 Monchique,
keine festen Öffnungszeiten

Ist der erste Eindruck erst einmal verdaut, kann das Panorama vom Aussichtspunkt südlich des Parkplatzes aber mehr als entschädigen. Bei klarer Sicht breitet sich die gesamte Küste der Westalgarve am Horizont aus und der Blick reicht von den Hochhäusern an der Praia da Rocha in Portimão im Osten über die sanft geschwungene Bucht von Lagos weiter bis zum Cabo de São Vicente ganz im Südwesten.

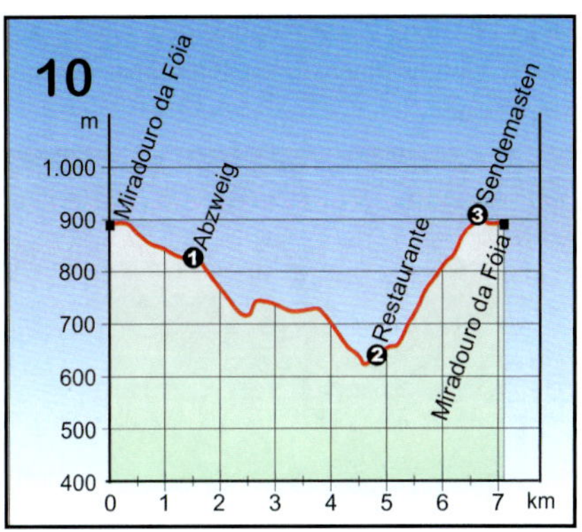

Vom Aussichtspunkt laufen Sie am Souvenirladen vorbei und folgen dem Wegweiser Richtung „Restaurant

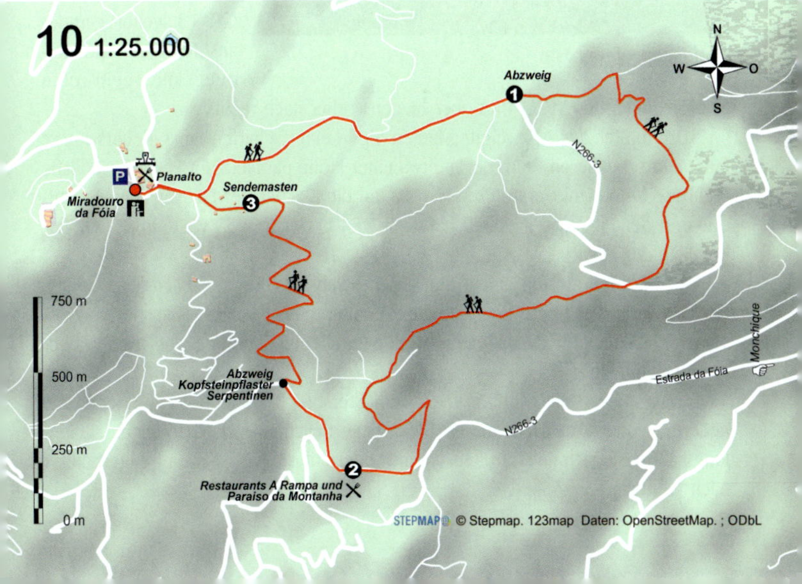

Jardim das Oliveiras 2,5 km" nach rechts auf die Straße. An der folgenden Gabelung halten Sie sich links (von schrägt rechts aus Richtung der Sendemasten kommen Sie am Ende der Wanderung zurück).

Ein Stückchen weiter gesellt sich von links kommend der GR 13/Via Algarviana dazu und an der nächsten talwärts verlaufenden Piste zweigt nach links der rund 17 km lange Rundwanderweg MCQ-PR5 (Percurso das Cascatas) ab. Der MCQ-PR3 folgt zusammen mit dem GR 13 zunächst weiter der Straße und zur Linken gibt es einen freien Blick über die nördlichen Ausläufer der Serra de Monchique.

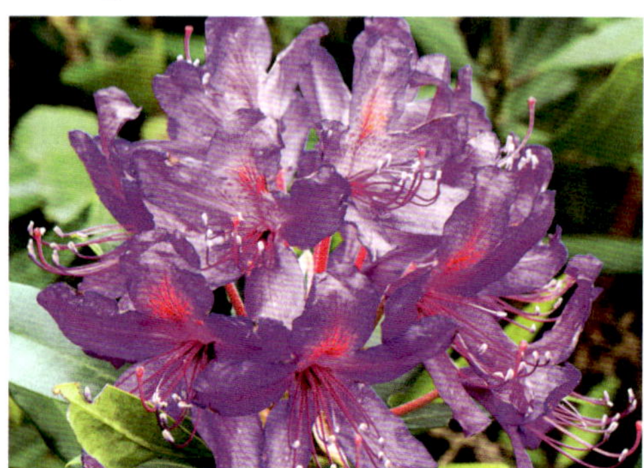

Pontische Alpenrose

In der Rechtskurve der Straße ❶ laufen Sie geradeaus auf der Piste weiter und folgen 100 m weiter der breiten Schotterpiste nach links bergab. Voraus ist in einiger Entfernung ein Steinhaus mit neuem rotem Dach zu sehen. Hier läuft der GR 13 weiter geradeaus Richtung Monchique, die gelb-roten Markierungen des MCQ-PR3 aber biegen vorher nach rechts ab.

50 m hinter der Abzweigung laufen Sie in einer scharfen Links-Rechts-Kurve auf einen schmaleren Pfad, der in etwa einer Höhe parallel zum Hang in südliche Richtung führt. Links erstrecken sich im Tal die Dächer der Häuser von Monchique und der Picota, seines Zeichens mit 774 m der ewige Zweite in der Gipfelrangliste der Algarve.

Der Pfad mündet an einem Stall in eine Fahrspur, der Sie nach links folgen. Gut 300 m weiter überqueren Sie die asphaltierte N266-3 ❷. Ringsherum zwitschern die Vögel, im Tal kläffen die Hunde und neben dem Weg plätschert Wasser aus einer Quelle.

Etwas später taucht unten im Tal ein Steinbruch auf und Sie erreichen ein neueres, weißes Anwesen, an dem Sie links vorbeilaufen. An der folgenden Gabelung halten Sie sich links, treffen unten wieder auf die N266-3 und folgen dieser nach rechts.

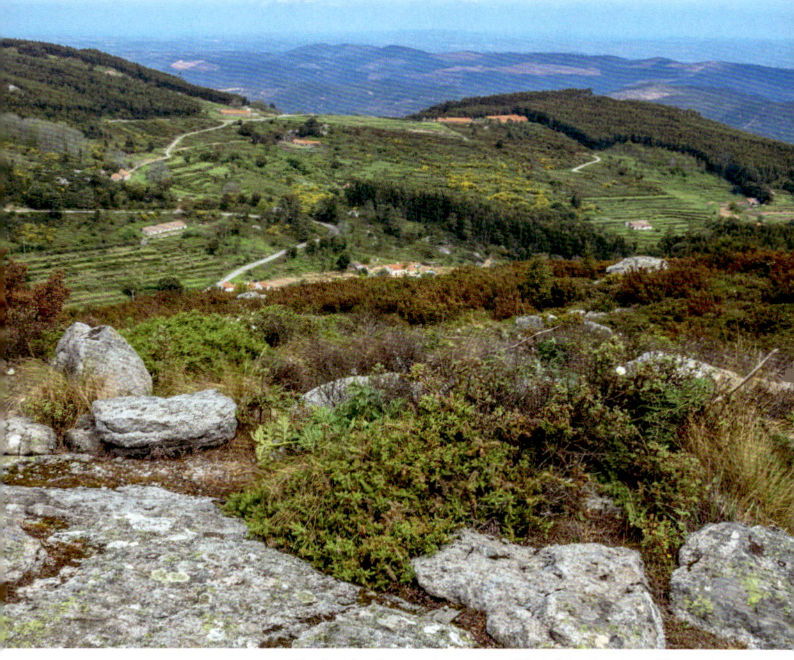

Nach Norden reicht der Blick bis in den Alentejo

Vorbei an den beiden ✕ Einkehrmöglichkeiten Restaurant A Rampa und Paraiso da Montanha laufen Sie die Straße in einer Rechtskurve bergan.

✕ A Rampa, Estrada da Fóia, 8550-375 Monchique, ☏ 282 91 26 20, Mi-Mo ab 10:30

♦ Paraiso da Montanha, Estrada da Fóia, 8550-375 Monchique, ☏ 282 91 21 50, Fr-Mi ab 6:30

Vor den nächsten Häusern auf der rechten Straßenseite (ehemaliges Restaurant) laufen Sie nach rechts auf den Kopfsteinpflasterweg ❸. Dieser schlängelt sich in engen Serpentinen den Hang hinauf und geht in eine unbefestigte Piste über. Sie gewinnen schnell an Höhe und laufen oben in einer letzten Rechtskurve zwischen Zäunen an den Mobilfunkantennen vorbei und zurück auf die Straße vor dem Parkplatz am Miradouro da Fóia.

⑪ Klosterruine und Wassermühle

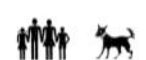

Wanderung für Entdecker der algarvischen Bergwelt

Die Serra de Monchique bildet die natürliche Grenze der Algarve und schirmt die Küste von kühleren Witterungseinflüssen aus dem Norden ab. Die grünen Hügelkuppen des kleinen Gebirges bieten ein herrliches Kontrastprogramm zur Küste. Auf dieser Rundtour gibt es neben den ruhigen Wäldern die Ruinen eines Franziskanerklosters aus dem 17. Jh. und eine alte Wassermühle zu entdecken. Unterwegs laden zwei schöne Picknickplätze zur ausgedehnten Rast ein.

Start/Ziel: Parkplatz an der Estrada de Sabóia östlich des Ortszentrums von Monchique, GPS N 37°19.214' W 008°33.152'

9,8 km

3 Std.

380 m/380 m

440-640 m

Die vorgestellte Route ist als MCQ-PR4 durchgehend gelb-rot markiert.

unbefestigte Feld- und Waldwege sowie wenig befahrene Asphaltstraßen

zahlreiche Restaurants, Cafés und Snackbars am Start bzw. Ende in Monchique, z. B. Café Bela Vista (km 0,5)

zahlreiche Sitzgelegenheiten in Monchique (ab km 0 bzw. ab km 9), unterwegs zwei Picknickplätze (km 3,7 und km 6,0)

Supermärkte in Monchique (abseits des Weges)

Die Tour eignet sich aufgrund des ruhigen Wegverlaufs und der schönen Picknickplätze für Wanderungen mit Kindern, wegen der ausgedehnten Länge aber eher für Familien mit älteren, wandererprobten Kinder. Besondere Highlights aus Kindersicht gibt es aber nicht.

Die Tour ist aufgrund des einsamen Wegverlaufs gut für Hunde machbar.

nach/von Monchique etwa achtmal täglich Busse der Linie 94 aus/nach Portimão (www.frotazul-algarve.pt)

P begrenzte Anzahl an Parkmöglichkeiten am Fahrbahnrand gegenüber der Feuerwache (Estrada de Sabóia) sowie auf dem Parkplatz ein Stück weiter, GPS N 37°19.181' W 008°33.232', weitere Parkmöglichkeiten in der Tiefgarage unterhalb der Aussichtsterrasse an der Touristeninformation (Parque de Estacionamento Subterrâneo de São Sebastião), GPS N 37°18.984' W 008°33.313'; Anfahrt auf der A22 oder N125 bis Portimão und weiter auf der N266

Von der Feuerwache laufen Sie auf dem Bürgersteig an der N266 zurück in Richtung Ortszentrum, wo Sie am zentralen Platz Largo dos Choroes eine Infotafel mit einer Übersicht zum Wanderweg finden.

Am westlichen Ende des Platzes starten Sie in die Sackgasse links vom ✕ Café/Restaurant Bela Vista.

✕ Bela Vista, Largo dos Chorões, 8550-455 Monchique, ☏ 282 91 22 52, täglich ab 9:00

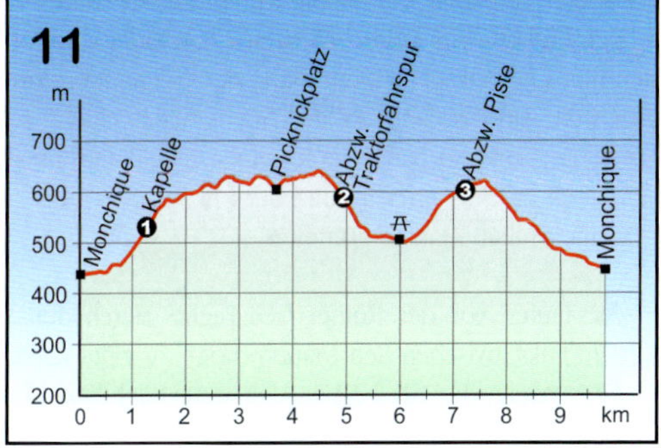

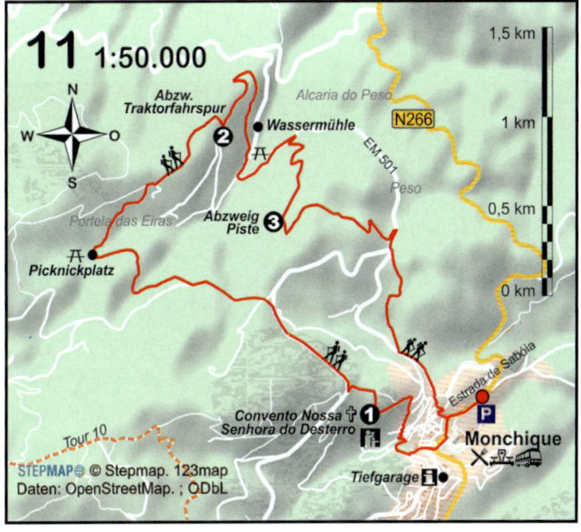

Sie erreichen am Ende der Treppenstufen die Rua de São Sebastião, auf der Sie nach rechts weiterlaufen und der Sie bei den Altglascontainern in einer Rechtskurve folgen.

Nehmen Sie dann die erste, links abzweigende Querstraße (Ruta da Fonte do Castanheiro), anschließend die zweite Möglichkeit nach rechts (Rua da Estalgem Velha) und halten Sie sich an der folgenden Gabelung links.

Laufen Sie dann hinter dem Brunnen nach links und gleich vor dem Haus mit der Nummer 3 nach rechts. Anschließend geht es hinter dem großen Gebäude mit der roten Fassade auf der Kopfsteinpflasterstraße weiter bergan (Caminho do Convento).

Halten Sie sich an der Gabelung links und laufen Sie dann an der Mauer mit den kleinen Marienstatuen vorbei in die Sackgasse und in einer scharfen Linkskurve bergan durch Korkeichenwald. Sie werden mit einem ersten Ausblick über die Dächer von Monchique belohnt und erreichen am Waldrand die Ruinen des ✝ Convento Nossa Senhora do Desterro ❶.

Das ehemalige Franziskanerkloster wurde 1631 von Pero da Silva gegründet, der später Vizekönig von Indien wurde. Die Gebäude wurden bei einem verheerenden Erdbeben im Jahre 1755 stark beschädigt und rotten seitdem im Wald vor sich hin. Die jahrzehntealten Pläne der Gemeinde, dort eine Luxusherberge zu errichten, sind bislang an der Suche nach einem zahlungswilligen Investor gescheitert und so haust noch immer eine Bauernfamilie in den Mauern. Das Ganze ist herrlich gruselig und der Ausblick über Monchique inmitten der Hügellandschaft einfach grandios.

Sie laufen vor der Ruine nach rechts durch den Wald bergan und nach 120 m links zwischen den Mauern hoch zu einer asphaltierten Straße.

Hier zweigt der GR 13/Via Algarviana nach links ab, die gelb-roten Markierungen hingegen leiten Sie auf der Straße nach rechts weiter und zu Ihrer Rechten öffnet sich ein weiter Blick über das Tal.

Barranco dos Pisões

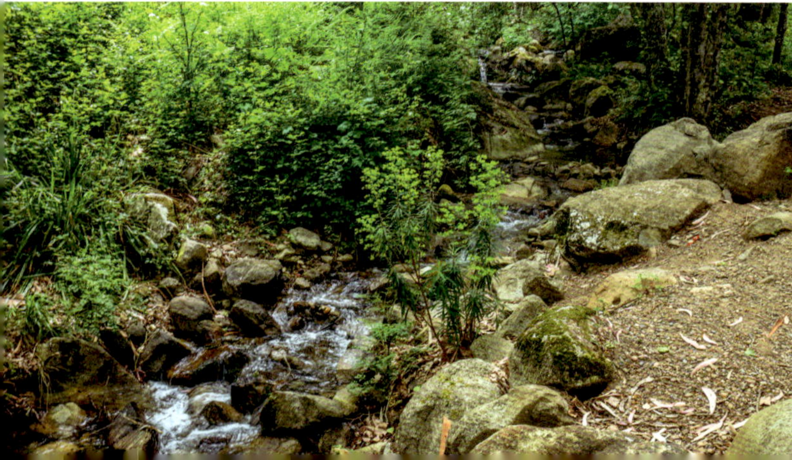

Vor dem dritten Haus auf der linken Straßenseite biegen Sie nach links auf die Kopfsteinpflasterstraße ab und gehen gleich anschließend auf der Straße nach links weiter. An der Gabelung 100 m hinter dem grünen Metalldrahtzaun folgen Sie der Straße nach rechts bergab und können im Folgenden die beiden nach rechts abzweigenden Sackgassen ignorieren. Sie erreichen in der Linkskurve der Straße einen ersten schönen ⩩ Rastplatz neben einem plätschernden Bach.

Für die Fortsetzung der Wanderung folgen Sie weiter der Straße und passieren ein modern restauriertes Ferienhaus. Es geht nun wieder bergan und in der Rechtskurve rund 1,2 km hinter dem Rastplatz kehren Sie der Straße den Rücken und biegen nach links auf die Traktorfahrspur ab ❷. Diese führt Sie in einer lang gestreckten, engen Rechtskurve zu einem schönen ⩩ Rast- und Grillplatz unter einer mächtigen Platane an einem Bach. Linker Hand liegt in etwa 200 m Entfernung unterhalb der Straße die alte Wassergetreidemühle Poucochinho.

Sie laufen am Rastplatz auf der Straße nach rechts weiter und dann hinter dem Wartehäuschen an der Bushaltestelle nach links über die Brücke.

Es geht nun wieder bergan und vor dem nächsten Haus biegen Sie in einer engen 180°-Kehre zurück auf die ansteigende Piste. Biegen Sie dann gleich nach etwa 150 m links auf den Traktorpfad und laufen Sie weiter bergan. Oben mündet der Pfad in eine klarere Piste, der Sie zunächst nach rechts folgen. Wenden Sie sich dann hinter einer größeren Lichtung nach links auf die Forstpiste durch den Eukalyptusbestand ❸.

Nach 150 m laufen Sie scharf nach links und nach knapp 1 km gelangen Sie unten an dem Gebäude, vor dem Paletten und Obstkisten lagern, in einer Kurve zur Straße. Hier geht es rechts weiter und an der folgenden Auffächerung in drei Wege nehmen Sie die Straße ganz links. Sie passieren die ersten Häuser von Monchique und folgen der Straße hinab Richtung Ortsmitte. Hinter dem Brunnen geht es links auf der Straße weiter (Rua do Viadôr).

An der nächsten Gabelung laufen Sie auf dem rechten Abzweig geradeaus weiter bis zur lilafarbenen ✞ Kirche. Vor ihr laufen Sie kurz nach links und biegen sogleich rechts in die schmale Gasse (Rua de São José) ein. Die verwinkelte Gasse führt Sie über Treppenstufen hinab und an der ✕ Travessa Bar (Rua do Revez Quente 33-35, 8550-466 Monchique, ☏ 282 91 16 67, ▯ erst abends geöffnet, daher als Einkehrmöglichkeit nicht geeignet) rechts und gleich wieder rechts bis zur Calçada de Santo António. In diese biegen sie nach links ein und treffen am Ende auf die N266. Links geht es zurück zum Parkplatz, rechts zum Largo dos Choroes im Zentrum von Monchique.

⑫ Picota: Erstklassige Aussicht vom ewigen Zweiten

Einsame Rundtour für Gipfelstürmer

Der Picota ist mit seinen 774 m der zweithöchste Gipfel in der Serra de Monchique. Im Gegensatz zu seinem „großen Bruder", dem Fóia-Gipfel ist er nicht mit dem Auto zu erreichen. Der Aussicht tut das aber keinen Abbruch und meist haben Sie den Gipfel ganz für sich alleine.

- Start/Ziel: Parkplatz in Caldas de Monchique, GPS N 37°17.163' W 008°33.209'
- 19,5 km
- 5 Std. 30 Min.
- 915 m/915 m
- 130-770 m
- Die vorgestellte Route ist als MCQ-PR2 (Caminho das Caldas – Picota) durchgehend gelb-rot markiert.
- überwiegend unbefestigte Feldwege, abschnittsweise wenig befahrene Asphaltstraßen, längere schattige Passagen im Wald
- Mehrere Gaststätten in Caldas de Monchique, z. B. Restaurant Rouxinol (km 0,3) und Snack Barnita am Kreisverkehr in Monchique (km 10,8)
- Sitzgelegenheiten am Start in Caldas (km 0/19,5) und Monchique (abseits des Weges)
- großer Supermarkt in Monchique (km 10,8)
- Die Tour ist nur für ältere Kinder geeignet, die ausgedehnte Wanderungen gewöhnt sind.
- Die Tour ist aufgrund der Länge und fehlenden Erfrischungsmöglichkeiten unterwegs für Hunde eher ungeeignet.
- Die Busse zwischen Monchique und Portimão verkehren über Caldas de Monchique. Die Bushaltestelle ist in der Nähe des Restaurants Rouxinol an der N266 zu finden (verkehrt ca. achtmal täglich, www.frotazul-algarve.pt).
- P Parkplatz am Start unterhalb der Kapelle; Anfahrt: etwa 5 km unterhalb von Monchique an der N266 aus Portimão. Weitere Parkmöglichkeiten finden sich entlang der Zufahrtsstraße von der N266 ins Ortszentrum.

Schon die alten Römer kurierten ihre Leiden in den warmen Quellen von Caldas de Monchique. Die heutigen Kuranlagen stammen aus dem 19. Jh., als sich

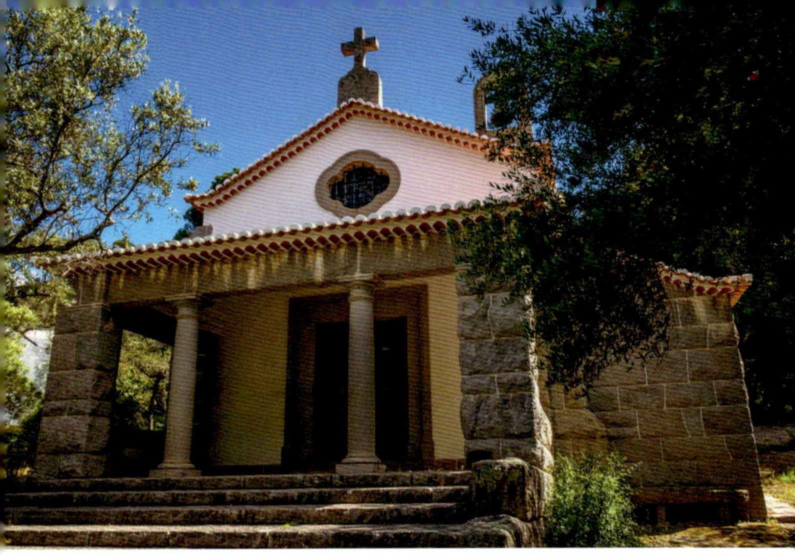

Capela de Santa Teresa

das kleine Thermalbad beim spanischen Adel großer Beliebtheit erfreute, und wurden ebenso wie das neomaurische Kasino hübsch renoviert.

Von der Wanderweg-Infotafel am zentralen Parkplatz in Caldas de Monchique laufen Sie nach rechts hoch zu der kleinen ✞ Kapelle Santa Teresa und rechts daran vorbei auf dem Kopfsteinpflasterweg hoch bis zur N266.

Diese überqueren Sie bei der 🚌 Bushaltestelle schräg nach links und biegen sogleich am ✕ Restaurant Rouxinol nach rechts in die Straße.

✕ Rouxinol, N266, 8550-232 Caldas de Monchique, ☏ 282 91 39 75,
🚪 Mi-So ab 12:00

Hinter der folgenden Linkskurve biegen Sie nach rechts auf die mit Felsblöcken abgetrennte Piste und laufen weiter bergan.

An der folgenden T-Kreuzung gehen Sie ein paar Schritte nach rechts und dann auf der breiteren Piste nach links weiter aufwärts.

Nach 200 m treffen Sie wieder auf die asphaltierte Straße und folgen dieser nach rechts. An der Gabelung hinter dem Anwesen Quinta da Hortensias folgen Sie dem rechten Abzweig (links: Sackgasse) und zur Rechten öffnet sich ein weiter Blick auf die Hochhäuser von Portimão und das Meer.

Sie folgen weiter der Straße und ignorieren die abzweigenden Zufahrten zu den Häusern links und rechts. Auch an der größeren Kreuzung (links Sackgasse, rechts Piste) geht es geradeaus weiter.

Es folgt ein kurzer Zwischenabstieg und auch an der folgenden Gabelung halten Sie sich dann rechts. Nachdem Sie eine breitere, nach rechts abzweigende Piste passiert haben, biegen Sie in der Rechtskurve der Straße nach links auf die Piste ab ❶. Diese führt in einem weiten Bogen auf eine asphaltierte Straße, auf der Sie im spitzen Winkel nach rechts weiterlaufen ❷.

Rechts voraus im Tal erstreckt sich in etwa 6 km Entfernung der lang gestreckte Stausee Barragem de Odelouca. Knapp 150 m nachdem Sie einen ersten Abzweig links liegen gelassen haben, halten Sie sich an der nächsten Gabelung links. Oben bei den landwirtschaftlichen Terrassen verläuft die Straße in einer engen Serpentine und führt schließlich zu einem einzelnen, orangefarbenen Haus mit blauen Fensterläden inmitten von grünen Terrassen, auf denen Kartoffeln und andere Gemüsesorten wachsen.

Sie laufen rechts am Haus vorbei und an den Terrassenmauern entlang bis zu einer Hausruine ohne Dach. Dahinter wenden Sie sich vor der Terrassenmauer nach links und der Pfad führt im Zickzack bergan und trifft auf eine gerodete Piste, auf der Sie nach links weiterlaufen. Inzwischen haben Kuckucke und vielstimmiges Vogelgezwitscher das Bellen der Hunde und Krähen der Hähne als Geräuschkulisse abgelöst und rechter Hand ist der Waldbrand-Wachturm auf dem Picota-Gipfel zu sehen.

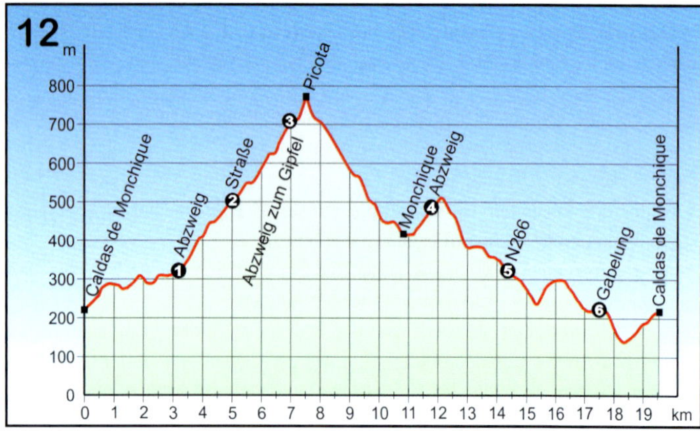

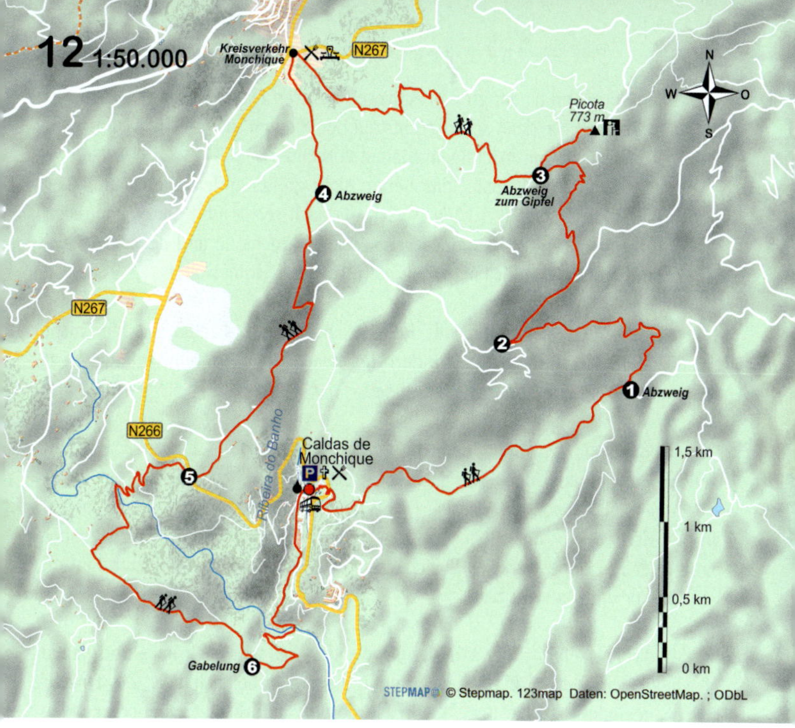

Sie erreichen eine Wegkreuzung ❸ und bevor Sie geradeaus den Weg Richtung Monchique fortsetzen, lohnt sich der Abstecher nach rechts zum Gipfel (⇆ 1,1 km). Von dort bietet sich ein weites Panorama über die grünen Hügel der Serra de Monchique, die vom höchsten Gipfel der Fóia (902 m) überragt werden, und bei klarer Sicht können Sie im Süden weit über die Küste der Felsalgarve blicken.

Vom Gipfel kehren Sie auf dem bekannten Weg zum Abzweig zurück und setzen den Weg nach rechts in westliche Richtung fort, jetzt zusammen mit den weiß-roten Markierungen des GR 13/Via Algarviana.

Die Piste führt kontinuierlich bergab und wird bald von Korkeichen gesäumt, unter denen munter der Adlerfarn sprießt. An der Gabelung beim nächsten Haus geht es nach rechts weiter, an der folgenden dann links.

An der T-Kreuzung vor einer Terrassenfläche folgen Sie der Straße nach rechts, biegen an der nächsten Gabelung bei dem verfallenen Steinhaus links ab und laufen vorbei an einem großen Anwesen neueren Datums. Vor der nächsten Hofzufahrt biegen Sie dann scharf rechts auf den Pfad ab, der an einer knorrigen, verwachsenen Eiche mit mächtigem Stamm vorbeiführt.

Sie erreichen eine Weggabelung neben einer größeren Terrassenfläche. Hier verabschiedet sich der GR 13/Via Algarviana nach rechts und Sie wenden sich nach links. Mit Blick auf die weißen Häuser von Monchique und den Gipfel des Fóia dahinter laufen Sie für kurze Zeit auf etwa einer Höhe weiter.

Hinter dem nächsten Haus heißt es aufgepasst: Laufen Sie hier nicht geradeaus auf der Piste weiter, sondern bei den Beeten vor dem Brunnen nach rechts auf den Pfad und am Zaun entlang.

Nachdem Sie bei den Häusern von den Hofhunden „begrüßt" wurden, wenden Sie sich auf der Straße nach links und laufen weiter bergab bis zu einer T-Kreuzung. Hier wenden Sie sich rechts und erreichen nach rund 650 m den großen Kreisverkehr am südlichen Ortseingang von Monchique, wo gegenüber ein großer Supermarkt (täglich 9:00-20:30) die Möglichkeit zum Einkauf von Wasser und Proviant bietet.

Für die Fortsetzung der Wanderung wenden Sie sich nach links und laufen gleich vor dem kleinen Café Aguas auf die erste Straße nach links. Zur Einkehr besser geeignet ist die Bar Snack Barnita auf der gegenüberliegenden Straßenseite.

Snack Barnita, Largo de Santa Pé da Cruz, 8550-204 Monchique,
keine festen Öffnungszeiten

An der Kreuzung nach gut 500 m laufen Sie geradeaus, links an dem weißen Gebäude vorbei, auf der Straße für etwa 400 m weiter bergan. Vor dem höchsten Punkt verlassen Sie die Straße nach rechts auf die Schotterpiste, die durch Eukalyptuswald ❹ mit dichtem und jungem Bestand führt, der einen intensiven Geruch nach Hustenbonbons verströmt.

Hinter der eingezäunten Anlage zur Trinkwasserversorgung laufen Sie geradeaus an der Mauer weiter und voraus rücken einmal mehr die Hochhäuser von Portimão in den Blick.

An der Gabelung hinter dem nächsten Haus halten Sie sich rechts und gut 250 m weiter laufen Sie nach links von der Piste runter auf einen schmalen Pfad.

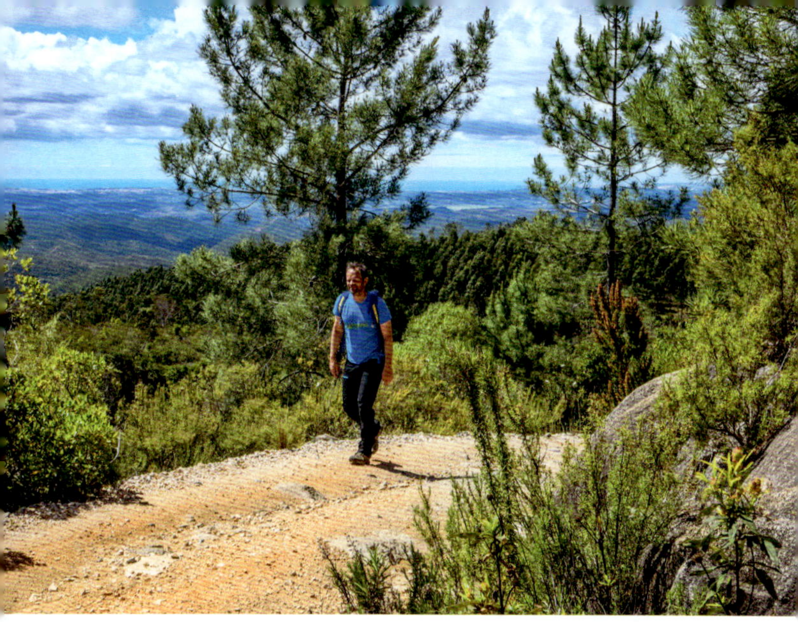

Der erste Teil der Wanderung ist ein beständiger Anstieg

An der kurz darauf folgenden Weggabelung halten Sie sich erneut links. Vor Ihnen öffnet sich ein Tal mit zahlreichen Terrassenflächen und die Luft ist erfüllt vom Glockenläuten und dem Blöken der grasenden Ziegen.

Der Pfad führt in Serpentinen hinab zu einer Teerstraße, wo Sie nach rechts weiterlaufen. Sie folgen der Straße talwärts vorbei an einigen Häusern und einem Steinbruch und können die nach links und rechts abzweigenden Straßen und Zufahrten ignorieren. Schließlich erreichen Sie die N266, die sie geradeaus überqueren ❺. Die kleine Straße verläuft unterhalb der N266 in einer Linkskurve weiter und unterhalb der Terrassenfläche laufen Sie hinter dem nächsten Haus nach links und auf der Straße in Serpentinen hinab zu einem eingezäunten Betriebsgebäude der Wasserversorgung.

Das Gebäude wird nach links umrundet und nachdem der schmale Bach überquert ist, biegen Sie scharf nach links ab und es geht wieder hoch. An der T-Kreuzung nach gut 650 m halten Sie sich rechts und folgen nun einer breiten, roten Lehmpiste, in die in regelmäßigem Abstand Lukendeckel mit der Aufschrift „Aguas do Algarve“ eingelassen sind und die parallel zur Küstenlinie in östliche Richtung verläuft.

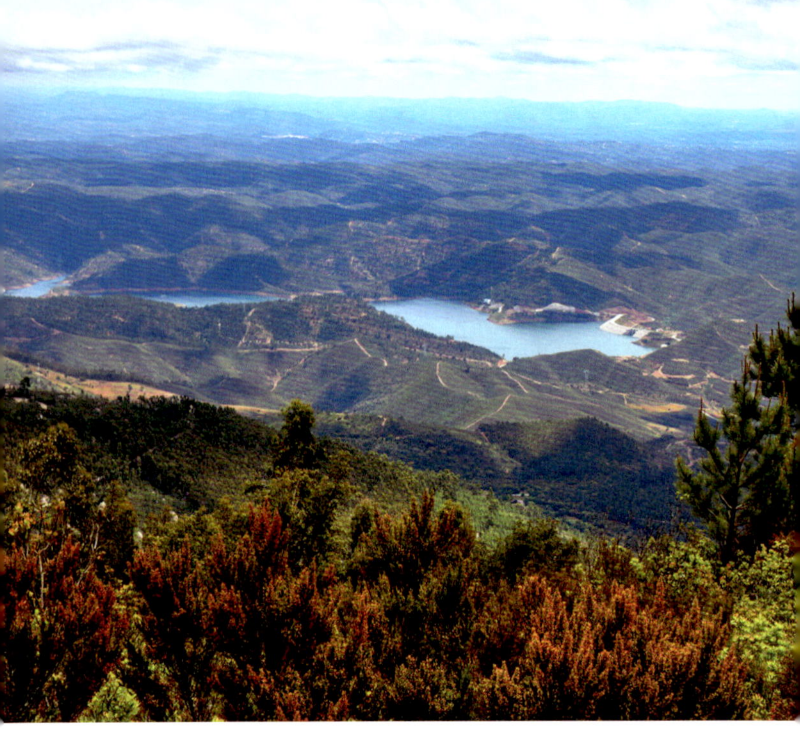

Blick vom Gipfel auf den Stausee Odelouca

Schließlich taucht voraus links im Tal die N266 auf, an der die riesige Glasfassade des Macdonald Monchique Resort & Spa ins Auge fällt. Der Hotelkomplex verschwindet vorübergehend hinter einem Hügel und Sie halten sich an der Gabelung links ❻.

Die Piste schlängelt sich in einigen Kurven hinab zu einer Brücke über den Bach und anschließend durch das üppig grüne Flusstal hinauf nach Caldas de Monchique. Sie wenden sich auf der Kopfsteinstraße nach links und biegen vor der Mineralwasserabfüllung Aguas de Monchique wieder nach links. Nun laufen Sie auf dem Bürgersteig neben der Straße vorbei am Hotel Thermal zurück in die Ortsmitte von Caldas de Monchique, wo Sie sich am 💧 Fonte dos Armores („Brunnen der Liebenden“) ❼ selbst ein Bild vom Geschmack und der heilenden Wirkung des Monchique-Wassers machen können, bevor Sie rechts zurück zum Ausgangspunkt kommen.

⑬ Rund um den Fluss Odelouca

Einsame Wanderung für Freunde des Ursprünglichen

Diese Wanderung entlang der Ribeira da Odelouca führt durch das ursprüngliche Hinterland der Algarve an der Grenze zum Alentejo. Die hügelige Landschaft wird extensiv bewirtschaftet und wird von Oliven- und Korkeichenhainen durchzogen.

Start/Ziel: Fußballstadion vor dem Gebäude des Roten Kreuzes (Cruz Vermelha) und der Feuerwehr in São Marcos da Serra, GPS N 37°21.711' W 008°22.220'

9,9 km

2 Std. 15 Min.

160 m/160 m

110-150 m

Die vorgestellte Route ist bis auf den Weg durch das Stadtgebiet von São Marcos da Serra durchgehend mit gelb-roten Markierungen versehen.

Überwiegend unbefestigte Feldwege, kürzere Abschnitte auf wenig befahrenen Asphaltstraßen, im Sommer kaum Schatten. Nach ergiebigen Regenfällen im Winter ist der Fluss eventuell nicht passierbar!

mehrere Restaurants in São Marcos da Serra (ab km 8,9)

Picknickbänke am Fußballplatz zum Beginn und Ende der Wanderung (km 0/km 9,9), kleiner Rastplatz an der Fonte Nova do Serrado (km 8,5), unterwegs auf der Strecke keine Sitzgelegenheiten

mehrere kleine Supermärkte in São Marcos da Serra (ab km 8,9)

Die Tour ist für ältere Kinder geeignet.

Die Tour ist grundsätzlich für Hunde machbar und die Ribeira de Odelouca bietet gute Erfrischungsmöglichkeiten. Probleme bereiten unter Umständen die Hofhunde in Pereiros.

An Wochentagen täglich jeweils zwei Busverbindungen zwischen São Bartolomeu de Messines und São Marcos da Serra (Linie 117, www.eva-bus.com).

P ausreichend Parkmöglichkeiten am Fußballplatz; Anfahrt auf der IC1 Richtung Norden bis zur Ausfahrt „São Marcos da Serra", nach der Brücke über die IC1 rechts abbiegen und der Ausschilderung in Richtung Fußballplatz (campo de futebol) folgen

Die Wanderung beginnt am Fußballplatz Campo de Futetbal/Estado Municipal am westlichen Ortsrand des Bergdörfchens São Marcos da Serra gleich neben der

IC1. Von der Infotafel dort laufen Sie nach links in Richtung Dorf, biegen aber gleich an der ersten Möglichkeit nach rechts auf die Piste ab (von geradeaus kommen Sie am Ende der Wanderung zurück).

Sie folgen der breiten Piste und nach einer Wiese mit lockerem Eichenbestand geht es in einer Linkskurve weiter. Die Piste folgt dem Ufer des Odelouca. Vom Wasser her quaken die Frösche und die über die Wiesen stolzierenden Störche klappern mit den Schnäbeln.

Die Piste mündet in eine asphaltierte Straße, der Sie nach rechts folgen. Anschließend lassen Sie die erste zum Fluss hin abzweigende Piste links liegen und laufen auf der Straße für rund 1,5 km weiter bis zu einem verfallenen Haus am rechten Straßenrand.

An der folgenden Gabelung gegenüber der Toreinfahrt zur Quinta da Tor halten Sie sich links und überqueren den Odelouca auf einem Damm ❶.

An der folgenden T-Kreuzung vor dem Seeufer geht es nach rechts weiter.

➯ Wenn Sie den gelb-roten Markierungen nach links folgen, können Sie die Wanderung um rund 2,5 km verkürzen.

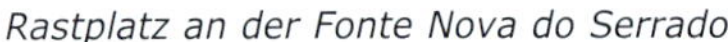

Rastplatz an der Fonte Nova do Serrado

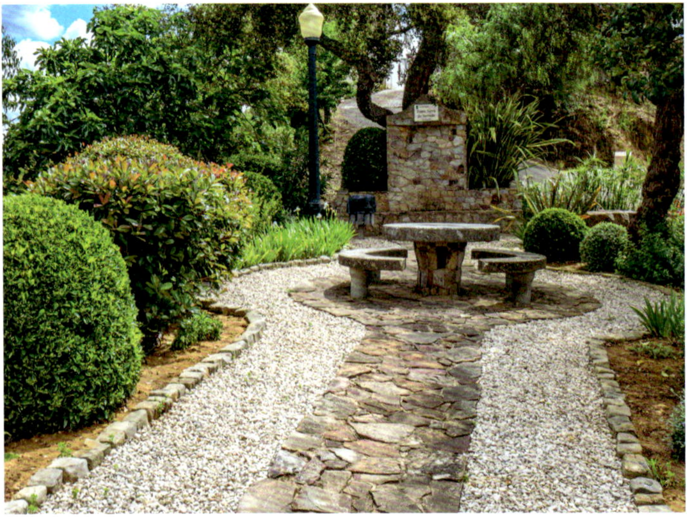

Bei der Kreuzung am nördlichen Seeende laufen Sie links hoch und an den Häusern von Pereiros vorbei, wo Sie an dem ein oder anderen Bauernhof von wachsamen Hunden empfangen werden.

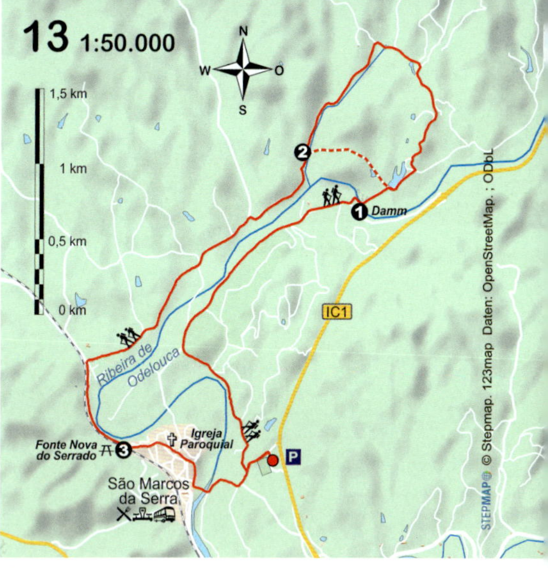

Die Piste führt in einer Linkskurve um einen weiteren See herum und an den folgenden beiden Gabelungen halten Sie sich jeweils links. Die breite und einfach zu laufende Schotterstraße führt nun in südliche Richtung bis zur Einmündung der zuvor beschriebenen Abkürzung ❷.

An der folgenden Gabelung halten Sie sich links und treffen wieder auf die Ribeira da Odelouca. Sie kommen zu einer T-Kreuzung, wo Sie nach links abbiegen, und folgen immer der breiten Piste parallel zum Fluss.

Voraus tauchen die weißen Häuser von São Marcos da Serra auf und an einer Infotafel zu den weiteren Wandermöglichkeiten in der Region treffen Sie auf eine Landstraße, die von einer Bahnstrecke begleitet wird. Hier wenden Sie sich nach links und laufen zum Ortseingang von São Marcos da Serra, wo an der Fonte Nova do Serrado ein kleiner Park mit ⩫ Tischen und Bänken zur Rast einlädt ❸.

Sie laufen nun auf der Rua da Oficinia an der Schule vorbei in den Ort und dann geradeaus auf die Rua do Comércio. Entlang der Hauptstraße des Ortes gibt es mehrere ✕ Restaurants und kleine Minimärkte. Auf dem höchsten Punkt passieren Sie die ✞ Dorfkirche und laufen weiter geradeaus.

Am Ende geht es vor der Mauer rechts ab und dann runter zur Brücke über die Ribeira da Odelouca. Am gegenüberliegenden Ufer halten Sie sich links und gelangen in einer Rechtskurve der Straße zu einem Kreisverkehr. Hier folgen Sie dem Wegweiser in Richtung Campo de Futebal nach links und gelangen vorbei an der vom Start bekannten Pistenkreuzung zurück zum Ausgangspunkt.

Zentralalgarve

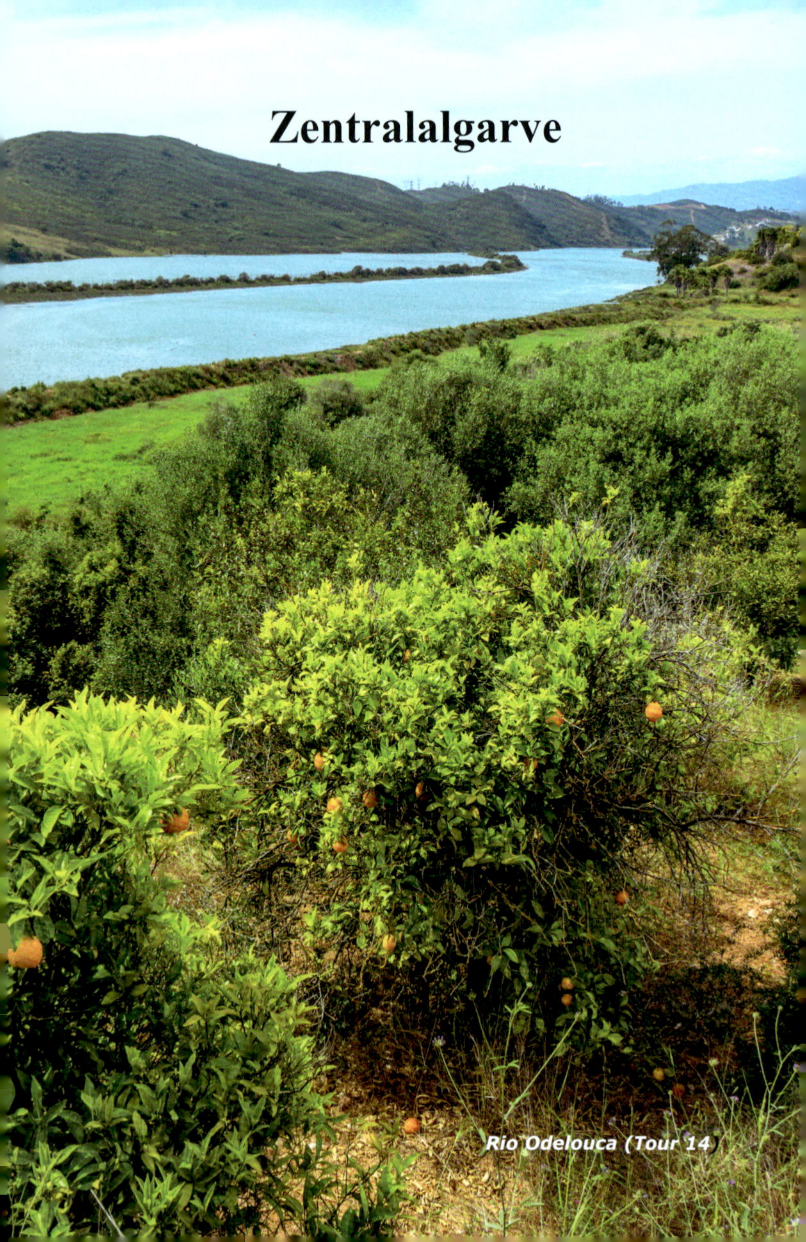

Rio Odelouca (Tour 14)

⑭ Halbinsel Ilha do Rosário

Wanderung für Ornithologen und Blumenliebhaber

Westlich von Silves bilden die Flüsse Odelouca und Arade eine fruchtbare Halbinsel, die Ilha do Rosário. Die Wanderung folgt einem Bewässerungskanal, einer sogenannten levada, durch eine üppig grüne Hügellandschaft durchsetzt mit Orchideen, Schwertlilien und Rosmarin- sowie Lavendelsträuchern. Besonders reizvoll ist eine Wanderung im Frühling, wenn die Orangenbäume in voller Blüte stehen. Die beiden Flüsse sind tidenabhängig und bei Niedrigwasser lassen sich eine Vielzahl Watvögel beobachten.

Start/Ziel: Restaurant Mira Rio auf der linken Seite in einer scharfen Rechtskurve der N125 etwa 5 km westlich von Silves, GPS N 37°11.214' W 008°29.255'

8 km

2 Std.

120 m/120 m

10-95 m

Die vorgestellte Route ist unmarkiert, verläuft aber zum Großteil entlang eines Bewässerungskanals und ist einfach zu finden.

schöner, schattiger Pfad entlang des Bewässerungskanals, ansonsten überwiegend unbefestigte Schotterpisten und kürzere Abschnitte auf asphaltierten Straßen

Restaurant Mira Rio am Start/Ziel (km 0/km 8), Strandbar am Clube Nautico (km 2,8)

es gibt unterwegs keine Sitzgelegenheiten

Die Tour ist für Kinder, die mit der Länge der Runde kein Problem haben, gut geeignet. Bewässerungskanal und Rio Arade laden zum Bootsbau ein und mit einem Fernglas im Gepäck lassen sich zahlreiche Vögel entlang der Flussufer beobachten.

Die Tour ist aufgrund des einsamen Wegverlaufs und der Nähe zum Wasser gut für Hunde geeignet.

P ausreichend Parkmöglichkeiten am Restaurant Mira Rio; zur Anfahrt aus Süden kommend in Silves nach der Brücke über den Fluss Arade links auf die N124 Richtung Portimão/Monchique

Vom Restaurant Mira Rio starten Sie auf der N124 Richtung Silves und biegen nach gut 300 m rechts auf eine kleinere Straße ab.

Mira Rio, N124, 8300-052 Silves, ☏ 282 44 35 10, täglich ab 8:00

Sie queren einen Bewässerungsgraben und bevor die Straße zu steigen beginnt, laufen Sie nach rechts auf dem Metallsteg erneut über den Bewässerungsgraben ❶.

Nun geht es auf einem Pfad neben dem Graben weiter in südliche Richtung. Der üppige Baumbewuchs spendet angenehmen Schatten und die Felder im fruchtbaren Flusstal sind durchzogen von Orangenhainen. Bei einem Schiffsanleger erreichen Sie das Ufer der Ribeira da Odelouca. Sie wechseln vorrübergehend auf die linke Seite des Bewässerungsgrabens, dann wieder zurück und erreichen die Spitze der Halbinsel Ilha do Rosário an der Mündung des Arade in den Odelouca.

Der Pfad folgt nun dem Arade-Ufer, windet sich um den Hang herum und voraus rückt Silves in den Blick. Überragt wird die einstige „Hauptstadt" der Algarve während der Maurenzeit von einer imposanten Festungsanlage aus rötlichem Sandstein. Sie erreichen eine idyllische Bucht, wo die ✕ Strandbar am Clube Nautico Silves ❷ eine gute Einkehrmöglichkeit bietet. Auch einen ⛺ Campingplatz gibt es.

Clube Nautico Silves

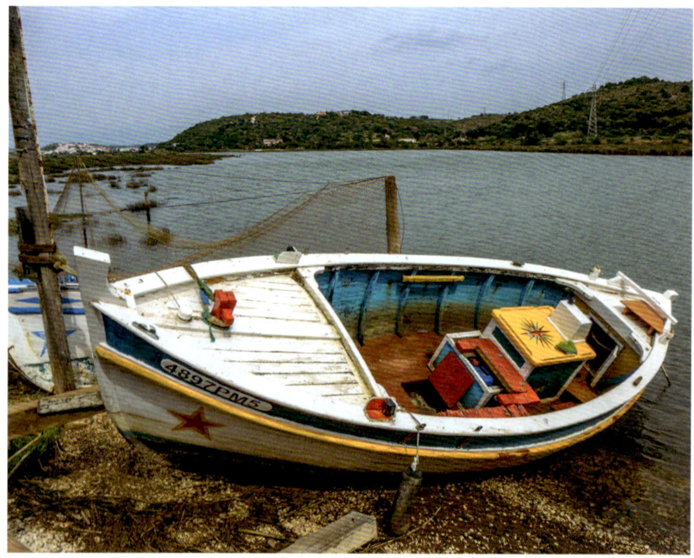

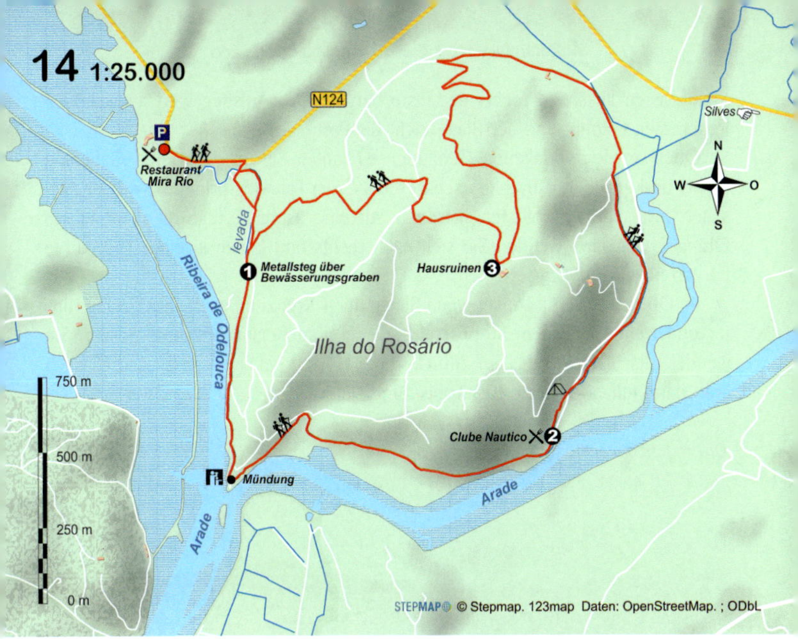

14 1:25.000

N124
P
Restaurant Mira Rio
levada
Ribeira de Odelouca
1 Metallsteg über Bewässerungsgraben
Hausruinen 3
Silves
N
W
O
S
Ilha do Rosário
750 m
500 m
250 m
0 m
Clube Nautico 2
Mündung
Arade
Arade
STEPMAP © Stepmap. 123map Daten: OpenStreetMap. ; ODbL

✕ Strandbar am Clube Nautico Silves, Quinta da Rocha Branca, 8300-026 Silves, ☎ 912 30 25 35, nur saisonal geöffnet, keine festen Öffnungszeiten

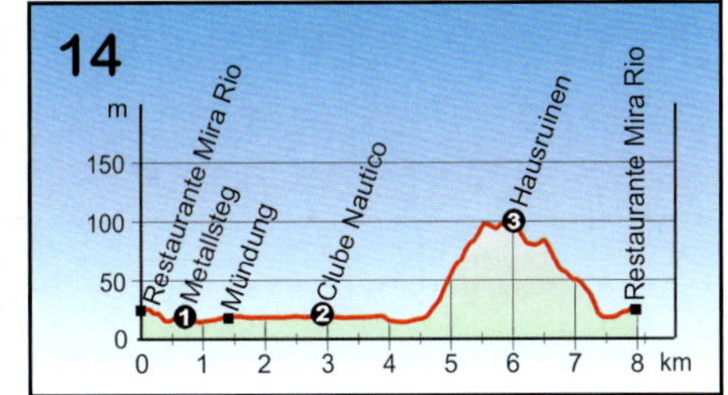

Vor dem Torbogen des Clube Nautico nehmen Sie den rechts abzweigenden Pfad, laufen weiter am Wassergraben entlang und passieren einige Häuser. Der Pfad quert die Piste und macht eine kleine Kurve um einen Orangenhain. Dann führt er bei dem Viadukt, einem Wassergraben auf hohen Pfeilern, zurück auf die Schotterpiste, der Sie nun nach links in nördliche Richtung folgen.

An der nächsten Gabelung (die Piste nach rechts führt zur N124) halten Sie sich links. Das Gleiche gilt für die nach knapp 400 m folgende Gabelung. 150 m weiter biegen Sie dann scharf links und laufen zwischen den beiden

Steinpfosten links und rechts der Piste bergan. Der Aufstieg wird mit schönen Panoramen belohnt und der Blick reicht bis Portimão.

Oben an den verfallenen Gebäuden ❸ laufen Sie an der ersten Gabelung rechts und gleich im Anschluss scharf rechts. Der Fahrweg bringt Sie wieder zwischen zwei alten Torpfosten hindurch auf eine asphaltierte Straße vor einem Orangenhain. Hier wenden Sie sich nach rechts und laufen in einer Linkskurve bergab bis zu den Häusern.

Im Dörflein Vale da Lama biegen Sie an der T-Kreuzung nach links, laufen runter und treffen an einem Stoppschild auf die vom Beginn bekannte Straße. Sie wenden sich nach rechts, um zurück zur N124 zu gelangen. Hier sind es nach links dann nur noch etwa 300 m bis zum Ziel.

Die fruchtbare Flussebene des Arade

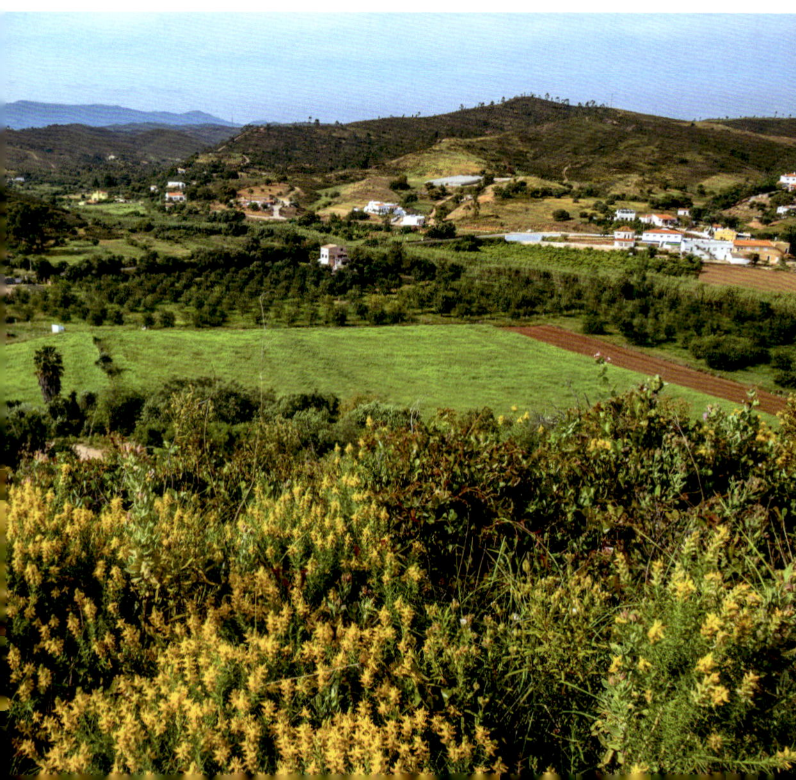

15 Steilküste östlich von Carvoeiro

Wanderung für Klippenfans

Die felsige, von Dolinen und Höhlen durchsetzte Steilküste östlich von Carvoeiro zählt zu den spektakulärsten Abschnitten, die die Algarve zu bieten hat. Neben der bizarren Karstlandschaft erwarten Sie auf dieser Wanderung, die durchgehend entlang der Steilküste verläuft, kleine und größere Buchten mit traumhaften Stränden. Die vielleicht schönste, mit Sicherheit aber auch eine der beliebtesten Wanderungen an der Algarve.

Start/Ziel: Parkplatz an der Praia Vale Centeanes, GPS N 37°05.541' W 008°27.134'

12,6 km (alle Angaben: Hin- und Zurück)

5 Std. 15 Min.

430 m/430 m

0-60 m

Die vorgestellte Route ist durchgehen als LGA-PR1 (Percurso dos Sete Vales Suspensos= „Wanderung der sieben hängenden Täler") mit gelb-roten Markierungen versehen.

unbefestigte Wege und schmale Klippenpfade, stellenweise einige steile An- und Abstiege, kein Schatten und im Sommer heiß

Restaurant O Stop an der Praia Vale Centeanes (km 0/km 12,6) und mehrere Restaurants, wie Casa Lamy, O Pescador und O Algar an der Praia Benagil (alle km 4,2/km 8,4)

schöner schattiger Picknickplatz im Pinienwald (km 2,1/km 10,5), überdachte Sitzgelegenheiten am Leixão de Ladrão (km 2,8/km 9,8), Picknickplatz ohne Schatten an Praia da Marinha (km 6,3), weitere Rastbänke entlang des gesamten Streckenverlaufs

Supermarkt unweit des Startpunkts, Verkaufsstände mit Getränken an der Praia da Marinha (km 6,3)

Gute Bademöglichkeiten bieten die Strände Praia de Vale Centeanes (km 0/km 12,6), Praia do Carvalho (km 3,4/km 9,2), Praia de Bengadil (km 4,2/km 8,4) und Praia da Marinha (km 6,3).

Die Tour ist für Familien mit älteren, trittsicheren Kindern geeignet und die zahlreichen Strände bieten tolle Bademöglichkeiten. Die Absturzkanten an der Steilküste und den Dolinen sind in der Regel mit Absperrungen eingezäunt.

Die Tour ist grundsätzlich für Hunde geeignet, aufgrund der zahlreichen Wanderer sollten sie aber an der Leine geführt werden.

Start- und Endpunkt sind nur mit eigenem Pkw zu erreichen. Wer den Weg nicht zurücklaufen möchte, muss per Taxi zurückfahren, ☏ 282 46 06 10, 967 23 85 07, www.taxirade.com.

Parkplatz an der Praia Vale Centeanes; Anreise über die A22 bis zur Ausfahrt „Lagoa", weiter nach Carvoeiro und von dort an der Küste entlang nach Osten. Selbstverständlich kann die Wanderung auch an der Praia da Marinha (GPS N 37°05.400' W 008°24.752') oder an einem der größeren Strände begonnen werden.

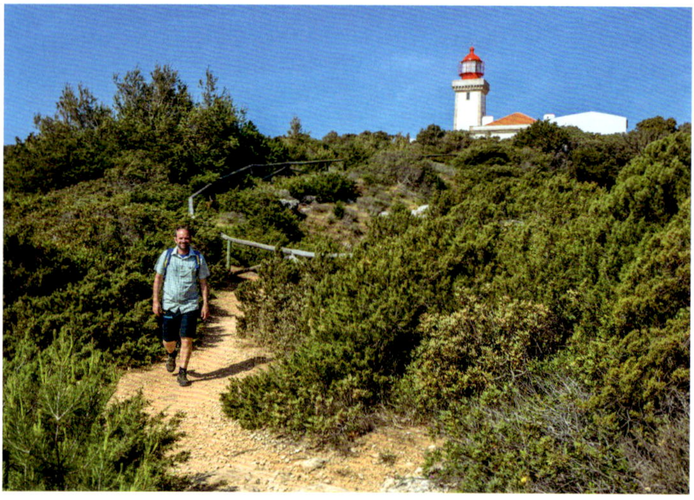

Der Leuchtturm von Alfanzina

Sie starten vom Parkplatz hinab Richtung Meer und finden dann am Strandzugang beim Restaurant O Stop eine Informationstafel zum Wanderweg LGA-PR1. Auch im weiteren Wegverlauf liefern einige Infotafeln in portugiesischer und englischer Sprache Wissenswertes zu Besonderheiten von Flora, Fauna und Geologie.

O Stop, Praia Vale Centeanes, 8400 Carvoeiro, ☏ 282 35 75 12, täglich ab 9:30

Hier laufen Sie die Holztreppe nach links hoch und wandern dann auf der Klippenkante 45 m über dem Meer mit schönem Ausblick weiter.

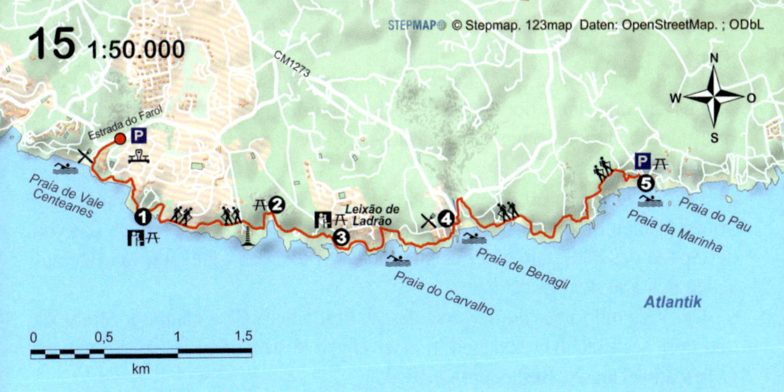

Knapp 1 km nach dem Start erwartet Sie im ersten Taleinschnitt eine Aussichtsplattform mit Rastbank im Schatten einer Pinie ❶. Nach dem Umrunden der Bucht laufen Sie am Absperrgitter geradeaus weiter (nicht rechts durch den Durchgang auf den schmaleren Pfad).

Nun zwängt sich der Pfad auf der Klippe zwischen der Abbruchkante und den Zäunen der Hotelanlagen und Ferienappartements entlang und voraus taucht das nächste Zwischenziel, der Leuchtturm Alfanzina, auf.

Nach dem Passieren eines Einsturztrichters im Karstgestein laufen Sie am Zaun des Leuchtturms entlang und halten sich auf dem Parkplatz dahinter rechts, um die Wanderung auf dem Küstenpfad fortzusetzen. Er führt zu einer weiteren Doline und biegt dann an der Klippenkante scharf nach links zu einem schönen Picknickplatz im schattigen Nadelwald ❷ ab.

Anschließend finden Sie sich in einer karstigen Mondlandschaft wieder, die mit Einsturztrichtern durchsetzt ist, an deren Grund die Brandung rauscht. Im Kontrast dazu steht das grüne Buschwerk. Sie erreichen Leixão de Ladrão, eine markante Felsformation im Meer, die der Legende nach durch die Tränen einer maurischen Prinzessin entstanden ist, mit denen sie den Tod ihres geliebten Mannes betrauert hat. Ein paar Schritte weiter bietet eine überdachte Plattform mit Sitzbänken die Möglichkeit, die Aussicht im Schatten zu genießen ❸.

Anschließend laufen Sie an der Abbruchkante der Klippen entlang weiter und steigen über breite, rote Treppenstufen zur nächsten Bucht hinab.

↳ Unten bietet ein Tunnel im Karst die Durchgangsmöglichkeit zur Praia do Carvalho.

Für die Fortsetzung der Wanderung halten Sie sich gleich zu Beginn des Parkplatzes an der Praia do Carvalho rechts und folgen dem Küstenverlauf zur nächsten Bucht am kleinen Fischerdorf Benagil mit dem großen Sandstrand Praia de Benagil.

Die Benagil-Bucht ist eines der „hängenden" Täler, von denen der Wanderweg seinen Namen bekommen hat. Entstanden ist das Tal durch das Wasser, das von der Spitze des Kliffs zum Meer hinabgelaufen ist und dabei im Laufe der Jahrtausende den Kalkstein gelöst hat.

Der Weg führt über die Terrasse des Restaurants Casa Lamy zur Straße ❹ und dort nach rechts weiter und in einer engen Kurve vorbei am Restaurant O Pescador zum Restaurant O Algar.

- Casa Lamy, Rua dos Pescadores, Portugal 8400-401 Lagoa, ☏ 282 35 98 39, Di-So 10:00-22:00, Mo Ruhetag
- O Pescador, Praia de Benagil, 8400-401 Lagoa, ☏ 282 35 40 17, täglich ab 12:00
- O Algar, Praia de Benagil, 8400-401 Lagoa, ☏ 282 35 89 51, Di-So ab 18:30, Mo Ruhetag

Praia da Marinha

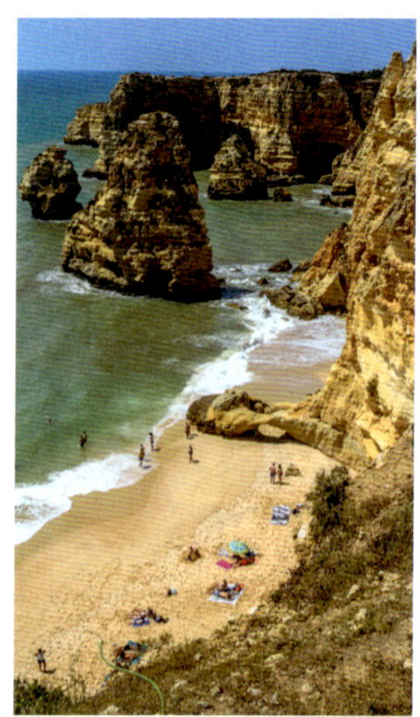

Direkt dahinter laufen Sie nach rechts auf den Treppenstufen neben dem Zaun hoch und der Pfad führt zurück an die Steilküste und folgt ihr in östliche Richtung.

Wieder gibt es tiefe Dolinen zu bestaunen und der Weg fächert sich in zahlreiche Trampelpfade auf. Das ist aber kein Problem: Halten Sie sich einfach immer in Küstennähe und bald öffnet sich der Blick auf die Praia da Marinha mit atemberaubenden, bizarren Felsformationen und natürlichen Bögen.

Am Ende erreichen Sie am Parkplatz ❺ vor dem Strand einen großen Picknickplatz mit Tischen und Bänken (kein Schatten) sowie einigen Verkaufsständen, an denen Sie sich mit Getränken für den Rückweg versorgen können. Anschließend laufen Sie auf dem gleichen Weg wieder zurück zum Startpunkt.

⑯ Cerro de São Vicente

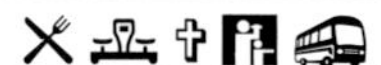

Einsame Rundwanderung für Strandmüde

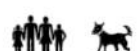

Die Hügellandschaft rund um den 175 m hohen Cerro de São Vincente bildet die Vorberge der Barrocal-Region und bietet ein angenehmes Kontrastprogramm zum Trubel in der Tourismushochburg Albufeira. Je weiter Sie sich von Paderne entfernen, desto einsamer werden die Wege. Während des Winters ist die Überquerung des Flusses Ribeira de Algibre schwierig bis unmöglich. Die Flussquerung kann jedoch problemlos umgangen werden, eine Alternativroute ist markiert.

Start/Ziel: Parkplatz an der N270 am westlichen Ortseingang von Paderne, GPS N 37°10.527' W 008°12.424'

10,6 km

3 Std.

250 m/250 m

40-170 m

Der Weg ist als Wanderweg ABF-PR2 durchgehend gelb-rot markiert.

überwiegend Feldwege und Schotterpisten, kurze Abschnitte auf z. T. stärker befahrenen Straßen

Café/Restaurant Zip Zip (km 0,4) und Snackbar Ines (km 0,6) in Purgatório, Restaurant Encantadas (km 10,3) und Café Capacho (km 10,4) in Paderne

Sitzbänke im Ortszentrum von Paderne (ab km 10), im Tourenverlauf keine Rastbänke

kleiner Supermarkt in Paderne (km 10,2)

Aufgrund zweier Passagen entlang von Straßen ist die Wanderung allenfalls für größere Kinder geeignet. Die Abschnitte sind zwar nur kurz, aber der Verkehr ist doch recht intensiv und es gibt keinen separaten Seitenstreifen für Fußgänger.

Die erwähnten Abschnitte über recht stark befahrene Straßen machen die Tour nicht zur ersten Wahl für Wanderungen mit Hund.

täglich etwa fünf Verbindungen von Albufeira über Purgatório und Paderne nach S.B. Messines (keine Liniennummer, www.eva-bus.com)

P Unbefestigter Parkplatz am westlichen Ortsrand von Paderne Richtung Purgatório; Anfahrt über die Autobahn A22 bis zur Ausfahrt 9 und weiter auf der IC1 Richtung Lisboa/Ourique, Ausfahrt „Tunes/IC1 Lisboa“ und der Ausschilderung nach Paderne folgen. Es gibt einen weiteren großen Parkplatz zwischen Sportplatz und Friedhof in Richtung der Ortsmitte von Paderne, GPS N 37°10.552' W 008°12.241'.

Mit Blick in Richtung Ortszentrum starten Sie vom Parkplatz auf dem Bürgersteig neben der N270 nach links zur Brücke über die Ribeira de Quarteira ❶ und erreichen den kleinen Ort Purgatório.

Hier müssen Sie nach links abbiegen, aufgrund des fehlenden Seitenstreifens sollten Sie den ersten Abzweiger nach links gegenüber der Tankstelle aber ignorieren und erst an der zweiten Möglichkeit hinter dem ✕ Café Restaurant Zip Zip nach links laufen.

✕ Zip Zip, N395, 8200-498 Purgatório, ☏ 289 05 61 01, Di-So ab 7:00

Auf den folgenden 500 m herrscht reger Verkehr und es gibt leider keinen Seitenstreifen. Folgen Sie der N395 für knapp 500 m in Richtung Albufeira/Ferreiras vorbei an der ✕ Snackbar Ines und biegen Sie dann vor dem Ortsende rechts Richtung Matos Baixo ab.

✕ Snackbar Ines, Estrada de Paderne, 8200-498 Purgatório, ☏ 289 36 78 61, Mo-Fr ab 6:00, Sa/So ab 7:00

Hinter der Autobahnunterführung mit der gelben Lärmschutzwand laufen Sie am ersten Gebäude geradeaus weiter ❷ (im weiteren Tourenverlauf geht es hier nach rechts auf der Piste neben der Autobahn weiter) und biegen nach 50 m links auf die Piste Richtung Cerro S. Vincente.

200 m weiter laufen Sie vor dem eingezäunten Feld zunächst für 150 m parallel zur Hochspannungsleitung nach rechts weiter, dann nehmen Sie die nach links abzweigende Piste, die den Hang hinaufführt. Oben treffen Sie auf eine hohe Mauer. Hier wenden Sie sich nach links und biegen an der T-Kreuzung dann rechts in die Piste ein. Es wird einsam und lediglich das Verkehrsrauschen der Autobahn erinnert an den Tourismustrubel der Küste.

Vor dem eingezäunten Grundstück führt ein 100 m kurzer Weg nach rechts zu den Überresten einer alten Mühle (Ruinas do Moinho de S. Vincente) ❸. Für die Fortsetzung der Wanderung folgen Sie wieder zurück an der breiten Schotterpiste dieser weiter. Hinter dem weißen Anwesen Casa Amendoeiras macht die Piste eine 90°-Biegung nach links und Sie laufen zwischen zwei weiteren Anwesen durch. Anschließend führt die Schotterpiste in einem Bogen nach rechts. Biegen Sie dann an den letzten Häusern nach rechts auf die schmalere Piste und steuern Sie auf die imposante ockerfarbene Villa auf dem Hügel zu.

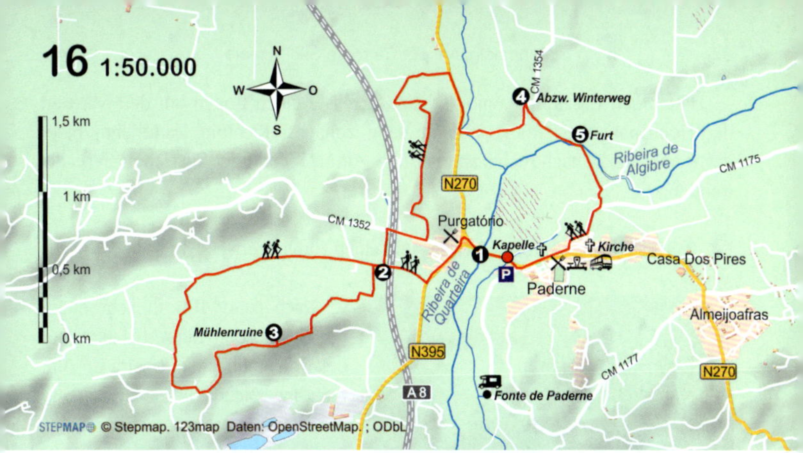

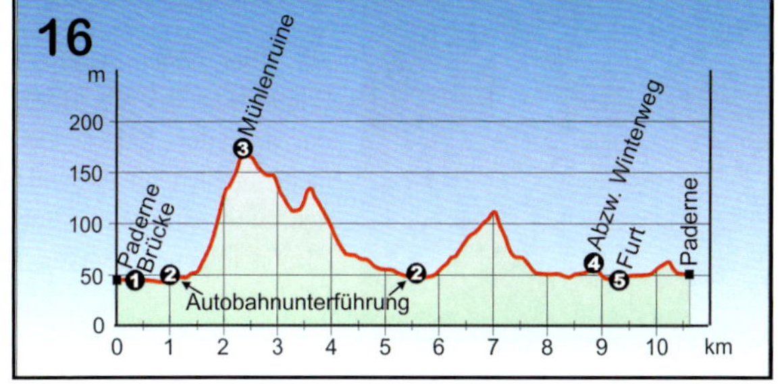

Aber schon nach 50 m halten Sie sich links und laufen zwischen den Terrassenmauern weiter bis zur Einmündung in die asphaltierte Straße. Auf dieser wandern Sie nach rechts bergan, laufen an der nächsten Kreuzung (Zufahrt zu der bereits erwähnten Villa) geradeaus weiter und biegen an der Gabelung 200 m später auf die abfallende Schotterpiste rechts ab.

Laufen Sie rechts an der Casa Editha vorbei und biegen dann an der T-Kreuzung vor der Casa Patricia rechts ab. Die Straße führt zurück zur bekannten Autobahnunterführung ❷ und diesmal biegen Sie zwischen der Villa neueren Datums und der Autobahn nach links auf die Piste (Wegweiser „Alcaria 4,4 km“).

Bei der nächsten Querstraße laufen Sie rechts unter der Autobahn hindurch und an der folgenden Kreuzung hinter einem alten Haus mit schönen blauen Kacheln am First biegen Sie links Richtung Monchina ab. Vor den nächsten Häusern halten Sie sich rechts und laufen vorbei an einem gelben Haus und dem Mobilfunkmast auf einen Höhenrücken mit schönen Blicken auf Paderne.

Hinter den Casas dos Anjos schlägt die Piste einen Bogen um den Mast an der Hochspannungsleitung, verläuft dann zunächst Richtung Autobahn, biegt davor aber scharf nach rechts ab und führt zur N270, auf der Sie sich nach rechts wenden.

Es sind viele Autos unterwegs und einen Fußgängerweg gibt es leider nicht.

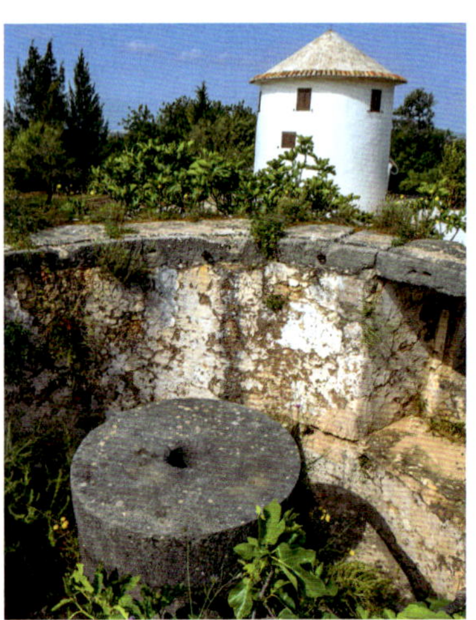

Ruinas do Moinho de S. Vincente

Nach rund 400 m kehren Sie der Straße den Rücken, laufen auf der Brücke über die Ribeira de Alte Richtung Alcaria und biegen dann vor dem Ortsanfang scharf rechts auf die Piste ❹.

Bei hohem Wasserstand im Winter oder Frühjahr ist eine Flussquerung der Ribeira de Algibre nicht möglich. In diesem Fall können Sie weiter der Straße durch Alcaria folgen. Der Weg ist ebenfalls markiert.

Außerhalb der Regenzeit ist der flache Bach problemlos zu queren ❺ und die Wassertemperatur viel angenehmer als beim Kneippen. Voraus sind schon die Häuser von Paderne zu sehen und Sie treffen auf eine asphaltiere Straße (nach links zweigt der Wanderweg ABF-PR3, Casa da Poco, ab). Für den Weg zurück zum Startpunkt laufen Sie nach rechts weiter zu der Brücke über einen schmalen Bach.

Hier führen Sie die gelb-roten Markierungen nach rechts auf einer Piste weiter. Diese trifft nach rund 1 km unweit des Startpunktes auf die N270.

Um sich noch das kleine Örtchen Paderne anzuschauen und eventuell einzukehren, laufen Sie daher auf der Straße weiter (markiert als Wanderweg ABF-PR3), biegen an der folgenden T-Kreuzung rechts Richtung Paderne ab und halten sich dann an der Gabelung vor den ersten Häusern rechts.

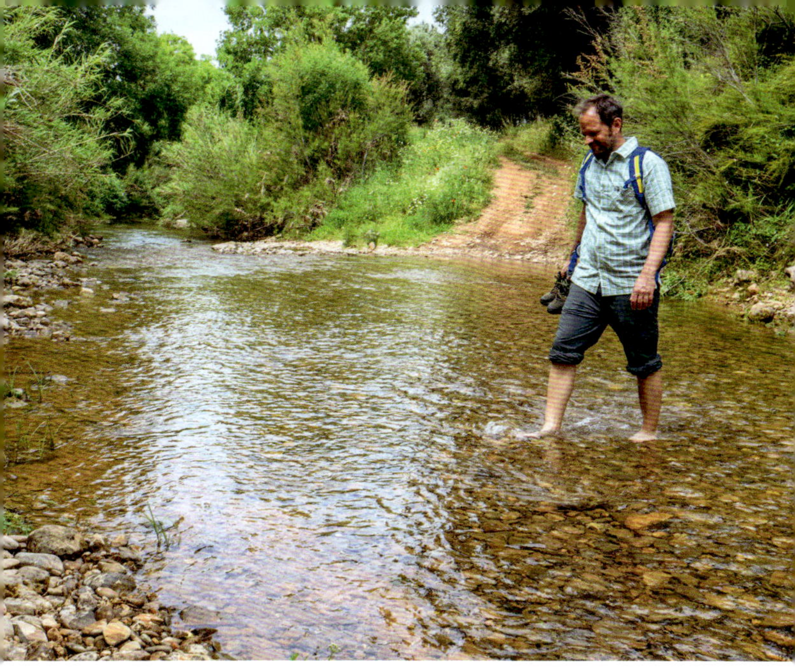

Furt über die Ribeira de Algibre

Sie treffen dann an einer Kreuzung mit Stoppschild auf die Rua Miguel Bombardo. Linker Hand liegt die Ortsmitte mit der ✞ Kirche Igreja Matritz aus dem 16. Jh., ✕ Restaurants und einem kleinen Supermarkt. Rechts kommen Sie vorbei am ✕ Restaurant Moiras Encantadas und dem ☕ Café Capacho gegenüber vom Fußballplatz auf die N270.

✕ Moiras Encantadas, Rua Miguel Bombarda 2, 8200-495 Paderne, ☏ 289 36 87 97, Di-Sa 12:00-15:30 und ab 19:00, Mo nur ab 19:00, So Ruhetag, auch Zimmer

☕ Café Capacho, Rua Miguel Bombarda, 8200-495 Paderne, ☏ 911 15 55 26, Do-Di ab 6:30

Hier wenden Sie sich nach rechts und kommen am Friedhof und der kleinen ✞ Kapelle São Pedro de Cruz vorbei zurück zum Startpunkt.

⑰ Burg von Paderne

Spaziergang für Geschichts- und Naturinteressierte

Südöstlich von Paderne erhebt sich die Ruine einer alten maurischen Burg über das Flusstal der Ribeira da Quarteira. Unten am Flussufer begeistert eine grüne Vegetation und als weiterer Zeitzeuge der Geschichte eine alte Steinbrücke aus der römischen Zeit.

- Start/Ziel: Parkplatz unter Autobahnbrücke beim Castelo de Paderne, GPS N 37°09.606' W 008°12.069'
- 4,6 km
- 1 Std. 30 Min.
- 120 m/120 m
- 50-110 m
- Die vorgestellte Route ist nicht durchgängig markiert.
- unbefestigte Wege und Pfade, steiler und etwas rutschiger Abstieg von der Burg, im dichtbewachsenen Flusstal teilweise Schatten
- Es gibt unterwegs keine Einkehrmöglichkeiten.
- Picknickplätze an der alten Wassermühle (km 1,8) und bei der Römerbrücke (km 2,9)
- Schöne Familienwanderung für Familien mit älteren Kindern. Der steile Abstieg von der Burgruine zum Ufer der Ribeira de Quarteira sowie die Überquerung der Staumauer an der alten Wassermühle erfordern aber ein Mindestmaß an Trittsicherheit.
- Die Tour ist gut für Hunde machbar, in einigen Bereichen besteht aus Naturschutzgründen aber Leinenpflicht.
- P Parkplatz unter der Autobahnbrücke; Anfahrt nach Paderne siehe Tour 16, am Ortseingang beim Parkplatz hinter der Brücke über die Ribeira de Quarteira, dann rechts ab dem Wegweiser Richtung „Fonte/Castelo de Paderne" folgen, hinter dem Parkplatz an der Quelle rechts halten und die letzten 1,5 km auf einer Piste bis zum Startpunkt unter der Autobahnbrücke

Vom Parkplatz unter der Autobahnbrücke beginnen Sie Ihre Wanderung auf der Piste in Richtung Castelo de Paderne und halten sich gleich an der nächsten Gabelung rechts. Jetzt ist der Weg als Wanderweg PR1 ausgeschildert und mit gelb-roten Markierungen gekennzeichnet. Er führt in einer Kurve bergan zum Castelo de Paderne ❶.

Aktuell sind nur noch Mauerreste und ein Turm zu sehen. Es gibt aber Bestrebungen, die Burg in ihrer einstigen Pracht wieder zu restaurieren. Die Festung wurde im 12. und 13. Jh. von den Mauren zur Verteidigung gegen die Christen gebaut und ist eine der wenigen Überreste aus der Zeit der arabischen Herrschaft an der Algarve. Nach der Rückeroberung durch Don Alfonso III. in der Mitte des 13. Jh. errichteten die Christen eine kleine gotische Kapelle zwischen den Burgmauern, von der ebenfalls noch Überbleibsel erhalten sind.

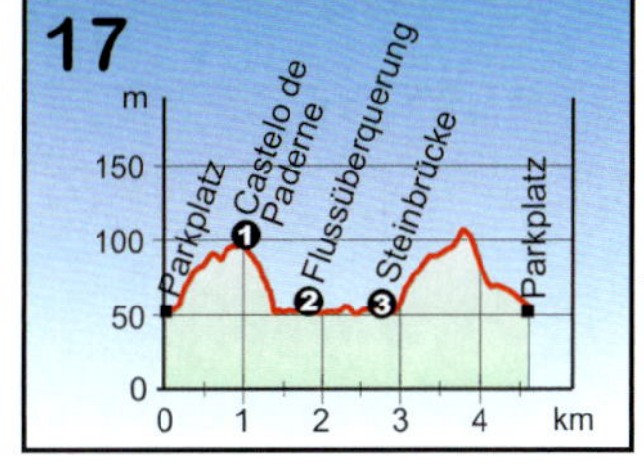

Vom Burghügel öffnet sich ein schöner Blick über das weitläufige Tal, in dem sich die Ribeira de Quarteira in malerischen Schleifen ihren Weg sucht, und unten können Sie schon die römische Steinbrücke sehen, die Sie im weiteren Verlauf der Wanderung erreichen werden.

Der Pfad führt nun (z. T. recht steil und rutschig) hinab zum Flussufer. Hier führen die gelb-roten Markierungen nach links, Sie aber wenden sich nach rechts und folgen dem klaren Pfad flussaufwärts.

Im folgenden Verlauf informieren Sie die Schautafeln eines Naturlehrpfads über die Fauna und Flora in der Region und Sie erreichen einen kleinen ⩩ Rastplatz am Flussufer ❷. Am gegenüberliegenden Flussufer liegt die alte Wassermühle Azenhal de Paderne und für die Fortsetzung der Wanderung müssen Sie vorsichtig auf der Wehroberkante auf die andere Seite des Flusses wechseln.

☞ Der Damm an der alten Wassermühle lässt sich die meiste Zeit des Jahres trockenen Fußes überqueren. Je nach Wasserstand kann es aber nasse Füße geben und die Wehroberkante kann recht rutschig sein. Sollte der Fluss im Winterhalbjahr zu viel Wasser führen, müssen Sie umkehren und am nördlichen Flussufer bis zur römischen Brücke laufen.

Auf der gegenüberliegenden Seite laufen Sie noch vor den Gebäuden nach links. Der Pfad ist eindeutig zu erkennen und führt durch üppige Vegetation. Nach knapp 1 km kommen Sie zur römischen Steinbrücke ❸ und können die Ribeira de Quarteira dieses Mal ganz bequem ohne Balanceakt und nasse Füße überqueren. Am gegenüberliegenden Flussufer wenden Sie sich nach rechts und erreichen nach ein paar Metern einen ⛩ Rastplatz.

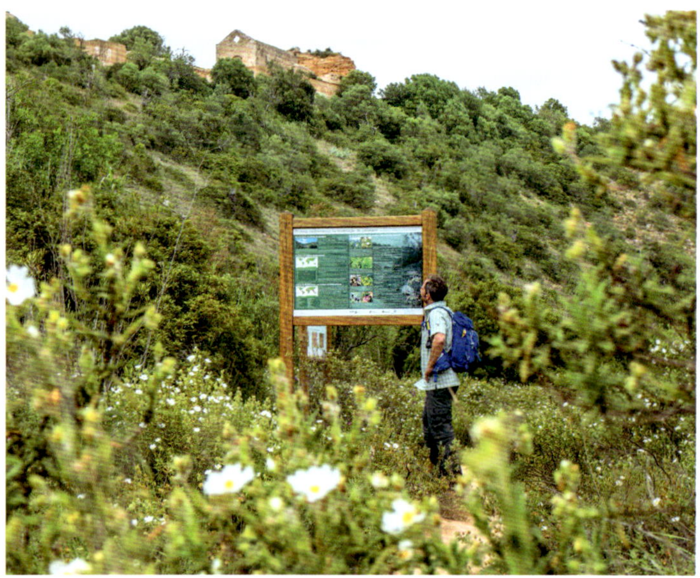

Hinweistafeln am Wegesrand informieren über Fauna und Flora der Region

Sie passieren einige Mühlenruinen und laufen an der T-Kreuzung vor der Terrassenmauer nach links weiter. Nach etwa 150 m stehen Sie an der Kreuzung mit der Piste zur Burg und ↰ können hier nach links auf kürzestem Weg zurück zum Auto laufen.

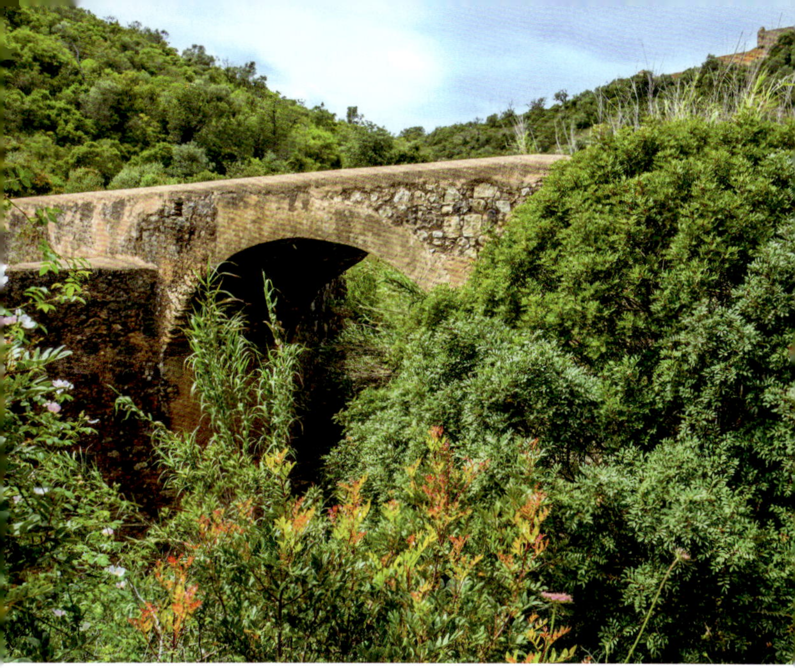

Die alte römische Brücke über die Ribeira de Quarteira

Um noch etwas weiterzuwandern, halten Sie sich rechts und laufen an der folgenden Gabelung links.

☞ Auf dem folgenden Abschnitt ist der Wegverlauf nicht immer sofort ersichtlich.

An der Lichtung unter Pinien vor einer Ackerfläche laufen Sie nach links von der Piste runter, folgen dem Trampelpfad Richtung Autobahn und treffen bald wieder auf einen deutlichen Weg. Dieser mündet nach gut 300 m in eine breite Piste. Hier wenden sich nach links und sind nach gut 400 m zurück am Ausgangspunkt unter der Autobahnbrücke.

18 Rocha da Pena

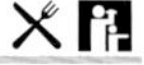

Bergrunde für Freunde von Natur, Geologie und weiten Aussichten

Die Rundtour über das markante Kalksteinmassiv Rocha da Pena am Übergang vom Barrocal zur Serra zählt zu den Wanderklassikern der Algarve. Die Mühe des steilen An- und Abstiegs auf das bzw. von dem Plateau des Tafelbergs werden mit fantastischen Aussichten, einer reichhaltigen Pflanzenwelt samt Orchideen und einem erstaunlich gut erhaltenen prähistorischen Verteidigungswall belohnt.

- Start/Ziel: Bar das Grutas in Rocha, etwa mittig zwischen Alte und Salir gelegen, GPS N 37°15.018' W 008°05.890'
- 6,5 km
- 2 Std. 15 Min.
- 215 m/215 m
- 320-480 m
- Die vorgestellte Route ist als Wanderweg mit gelb-roten Markierungen versehen.
- anfangs leichter Anstieg auf breiter Schotterpiste, dann steiniger Pfad, Rückweg auf unbefestigtem Feldweg, im gesamten Streckenverlauf kein Schatten
- Bar das Grutas in Rocha (km 0/km 6,5)
- keine Sitzgelegenheiten
- Weite Ausblicke und eine abwechslungsreiche Natur machen diese Wanderung auch für Kinder attraktiv.
- Die Tour ist für Hunde zwar machbar, aber die steinigen Pfade sind für empfindliche Hundepfoten eher weniger gut geeignet.
- P Parkplatz an der Fonte dos Amuados in Rocha; Anfahrt über die N124 bis westlich von Salir, dann der guten Ausschilderung „Rocha da Pena" folgen. Alternativ kann die Tour in Penina gestartet werden; Anfahrt über N124 bis Benafim Grande, dann auf der Kreisstraße M1089 in nördliche Richtung, Parkmöglichkeiten am Fahrbahnrand gleich am Ortsanfang.

Am Startpunkt der Wanderung laufen Sie vom Parkplatz am Brunnen Fonte dos Amuados vor der Bar das Grutas (keine Adresse oder Telefonnummer, keine festen Öffnungszeiten) am Schlagbaum vorbei auf die ansteigende Piste. Sie führt zunächst direkt auf die eindrucksvolle Felswand mit steilen Vorsprüngen und schroffen Kanten zu, macht dann bei der Infotafel zur Geologie eine scharfe

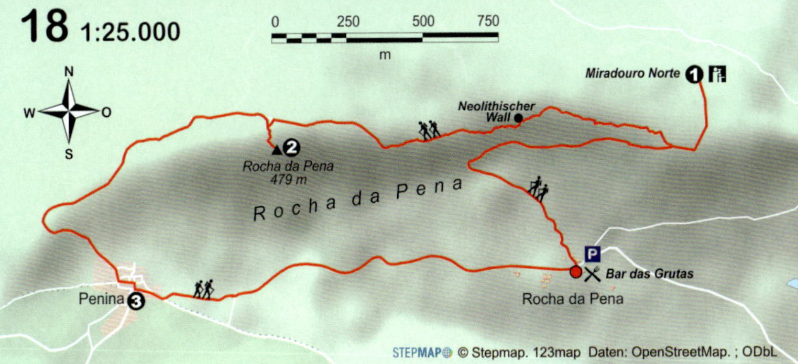

Rechtskehre und führt mit stetiger Steigung hinauf auf den östlichen Rand des Felsplateaus.

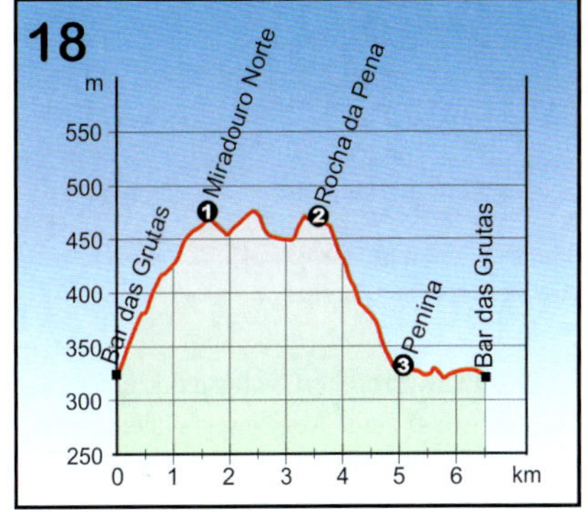

Nach rund 1,3 km erreichen Sie eine Wegkreuzung. Seit dem Start haben Sie bereits knapp 130 Höhenmeter überwunden und damit bereits den anstrengendsten Part der Wanderung bewältigt.

Später laufen Sie hier nach links (Wegweiser „Planalto"), zuvor lohnt sich aber der Abstecher zum Miradouro Norte nach rechts und vorbei an einer Infotafel zur Fauna erreichen Sie den Aussichtspunkt ❶.

Nachdem Sie das weite Panorama über die Berge der Serra do Caldeirão genossen haben, geht es zurück zur zuvor beschriebenen Wegkreuzung. Sie halten sich hier rechts. Der Weg ist nun ein schmaler, steiniger Wanderpfad, der mehr oder weniger direkt am Hang entlangführt und immer wieder weite Ausblicke gen Süden offeriert.

Nach einer weiteren Infotafel zur Flora erreichen Sie einen 800 m langen und bis zu 10 m hohen neolithischen Verteidigungswall. Lange vor den Römern, Westgoten und Mauren türmten die Menschen der Jungsteinzeit die kopfsteingroßen Felsbrocken zu einer Wallanlage auf, um gegen Angriffe aus westlicher und östlicher Richtung gewappnet zu sein, während die steilen Felshänge im Süden einen natürlichen Schutz boten.

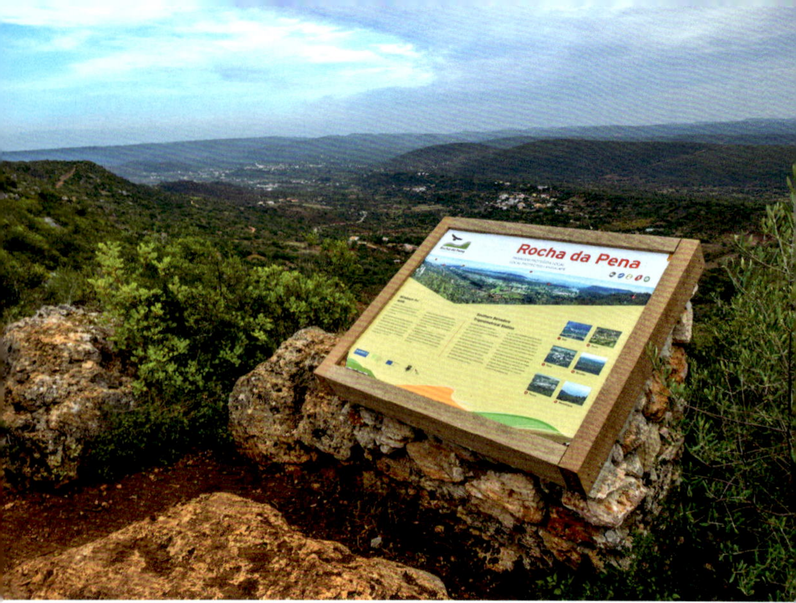

Aussichtspunkt Talefe

Der Pfad verbreitert sich wieder etwas. Er führt leicht bergab und nach dem Gegenanstieg zum Wegweiser „Talefe", der den Weg nach links zum Gipfel (479 m) markiert ❷. Die Schautafel neben dem geodätischen Vermessungspunkt informiert über markante Punkte des Panoramas und zu Ihren Füßen können Sie auch Ihr Auto am Ausgangspunkt entdecken.

Erst einmal laufen Sie aber zurück zur Abzweigung und setzen die Wanderung nach links fort. Die z. T. mit losem Geröll übersäte und daher rutschige Piste führt Sie in einem Bogen hinab in das Örtchen Penina. Hier halten Sie sich am ersten Brunnen rechts und am zweiten dann links. Am Ende wenden Sie sich nach rechts und biegen hinter dem kleinen Dorfcafé (keine Adresse oder Telefonnummer, keine festen Öffnungszeiten) links in die Rua de Palmeira ❸.

Diese bringt Sie in östliche Richtung aus dem Dorf und gleich hinter den letzten Häusern biegen Sie nach links auf den Fahrweg und laufen an der Rückseite des nächsten Hauses vorbei. Kurz darauf ist eine Piste erreicht, auf der Sie geradeaus in östliche Richtung weiterlaufen und nach rund 1,2 km stehen Sie wieder am Ausgangspunkt der Wanderung.

⑲ Fonte Benémola

Schattiger Spaziergang für Fluss- und Picknickfreunde

Das Naturschutzgebiet Fonte Benémola etwa 10 km nördlich von Loulé bietet hervorragende Wanderbedingungen. Diese kurze, aber reizvolle Rundwanderung führt durch ein üppig grünes Flusstal bis zu den Quellen von Benémola. Hier lässt sich selbst im Sommer gut wandern, denn die Bäume spenden Schatten und der Fluss kühles Wasser.

- Start/Ziel: Parkplatz an der M524 am Eingang ins Flusstal der Ribeira da Benémola, GPS N 37°11.915' W 008°00.264'
- 4,2 km
- 1 Std. 15 Min.
- 80 m/80 m
- 125-145 m
- Die vorgestellte Route ist als Wanderweg LLE-PR16 mit gelb-roten Markierungen versehen.
- unbefestigte, meist breite und teilweise schattige Schotterwege
- keine Einkehrmöglichkeit
- Picknickplätze an den Quellen (km 1,5/km 1,8)
- Die kurze Distanz, die einfach zu laufenden Wege und der Fluss machen diese Strecke zur perfekten Familienwanderung.
- Die Tour ist gut für Hunde geeignet und an der Fonte Benémola bietet sich eine gute Möglichkeit zur Abkühlung.
- P Parkplatz am Startpunkt; Anfahrt von Loulé über die N396 nach Querenca, nach der Ortsdurchfahrt auf der Straße 524 nach links Richtung Tôr bis kurz vor die Straßenbrücke über die Ribeira da Benémola (Ausschilderung „Fonte Benémola“). Auf der von der M524 im Flusstal abzweigenden Piste gibt es nach knapp 1 km einen weiteren Parkplatz, GPS N 37°12.341' W 008°00.192'.

Vom Parkplatz gehen Sie vorbei an dem verlassenen Haus, laufen auf der breiten Piste im Flusstal aufwärts und passieren eine erste Schautafel mit Informationen zur hiesigen Flora. Der Weg führt oberhalb des Flusses durch ein üppig grünes Tal mit Obst- und Gemüsegärten und Olivenhainen. Am Wegrand wachsen Stein- und Korkeichen und die Hügel sind voll von Zistrosen.

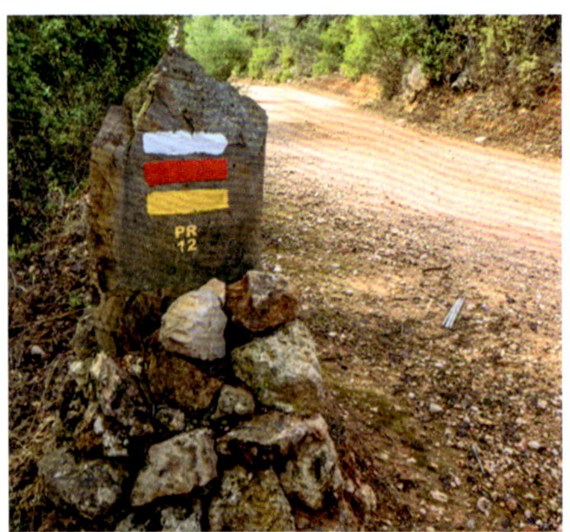

Kombinierte Markierung für den Wanderweg

Nach knapp 1 km erreichen Sie einen zweiten P Parkplatz ❶, an dem Sie links vorbei leicht bergab bis zu einer T-Kreuzung laufen. Hier zeigt ein Wanderwegweiser die weiteren Tourenmöglichkeiten an. Für den kurzen Spaziergang rund um die Fonte Benémola laufen Sie unterhalb des Hauses nach links.

Auf der Piste nach rechts zweigt ein weiterer, etwas längerer Wanderweg ab (LLE-PR12, 7 Fontes), der in einem weiten Bogen über die Fonte da Silva zur Fonte Benémola führt. Dieser Rundweg ist insgesamt etwa 9 km lang.

Auf dem Weg zur Fonte Benémola laufen Sie an einem größeren Bauernhof vorbei und passieren erst eine Infotafel mit einer Übersicht der häufigsten hier vorkommenden Vogelarten und dann einen verfallenen Strohschober aus Natursteinen – ein sogenannter palheiro, wie die Infotafel erklärt.

Ein paar Meter weiter führt eine breite Treppe hinab zur ersten Quelle und dann, zwischen den Bänken und Tischen, eine schmalere Treppe weiter hinab zu Trittsteinen über die Ribeira da Benémola ❷.

Hier wechseln Sie noch nicht ans gegenüberliegende Ufer, sondern folgen der Piste noch für etwa 200 m weiter flussaufwärts zur eigentlichen Quelle Fonte Benémola vor einem großen Picknickplatz ❸. In dem größeren Becken können Sie sich bei heißen Temperaturen gut abkühlen und die Füße ins Wasser halten.

Vom Rastplatz führt in nordöstliche Richtung ein steiler Pfad zu den Höhlen von Benémola. Wer sich den Aufstieg erleichtern möchte, folgt weiter der Piste am Flussufer und findet dann einen Weg, der in einem weiten Bogen zu den beiden etwa 100 m voneinander entferntliegenden Höhlen führt. In den Höhlen leben Fledermäuse und der Zugang ist mit Drahtgittern versperrt. Der Aufstieg lohnt sich daher vor allem für den schönen Ausblick ins Flusstal.

✋ Bei hohem Wasserstand sollten Sie auf der Piste zurück zu den erwähnten Trittsteinen ❷ laufen, um ans Westufer der Ribeira da Benémola zu wechseln.

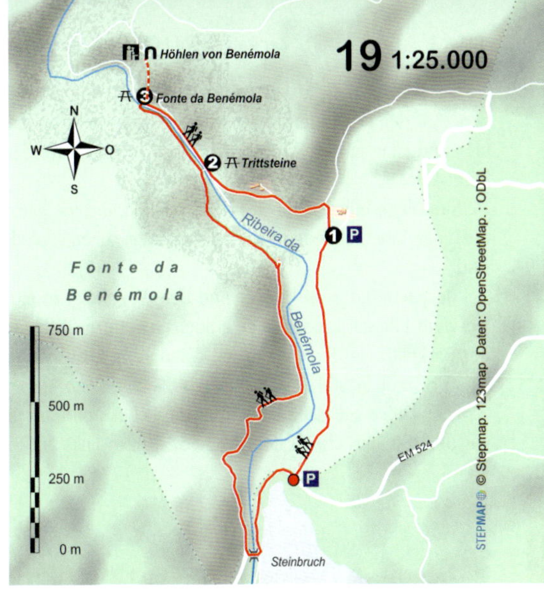

Die meiste Zeit des Jahres können Sie an der Fonte Benémola von Stein zu Stein balancierend ohne nasse Füße ans gegenüberliegende Flussufer wechseln,

Trittsteine erleichtern die Flussquerung

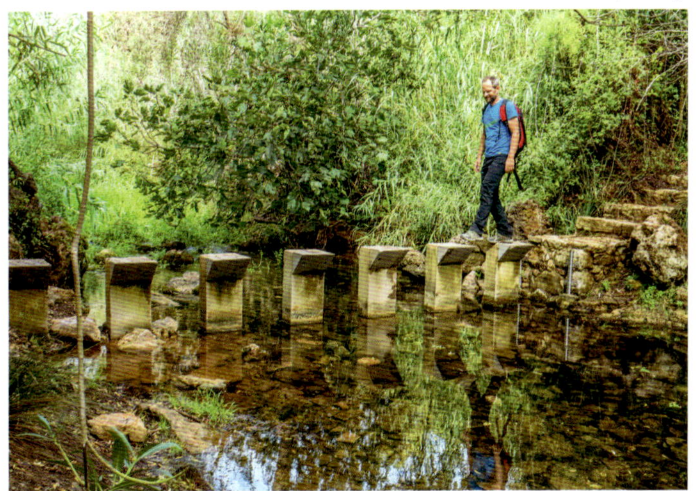

wo Sie sich für den Rückweg links halten und nun dem Fluss in Fließrichtung folgen. Auf den folgenden Metern zwängt sich der Wanderweg sehr eng ans Flussufer und kann je nach Wasserstand sehr matschig werden oder sogar total überflutet sein.

Sie folgen nun der Ribeira da Benémola für eine ganze Weile und können auf der gegenüberliegenden Talseite den Weg sehen, auf dem Sie zuvor gegangen sind.

Sie passieren zwei Häuser und der Weg steigt in einigen Kurven gemächlich aus dem Flusstal bis zu einer grauen Schotterpiste hinauf. Gegenüber ist schon der Parkplatz am Startpunkt der Wanderung zu sehen und Sie laufen nach links hinab bis zur Straße.

Hier laufen Sie nach links über die Brücke und am gegenüberliegenden Ufer vor dem Steinbruch auf der Straße 524 nach links zurück zum Parkplatz

Blick ins Flusstal

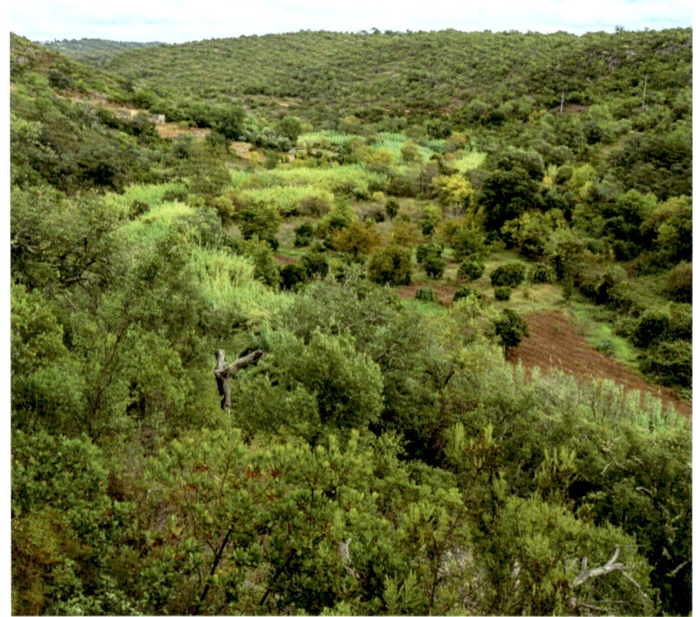

Ostalgarve

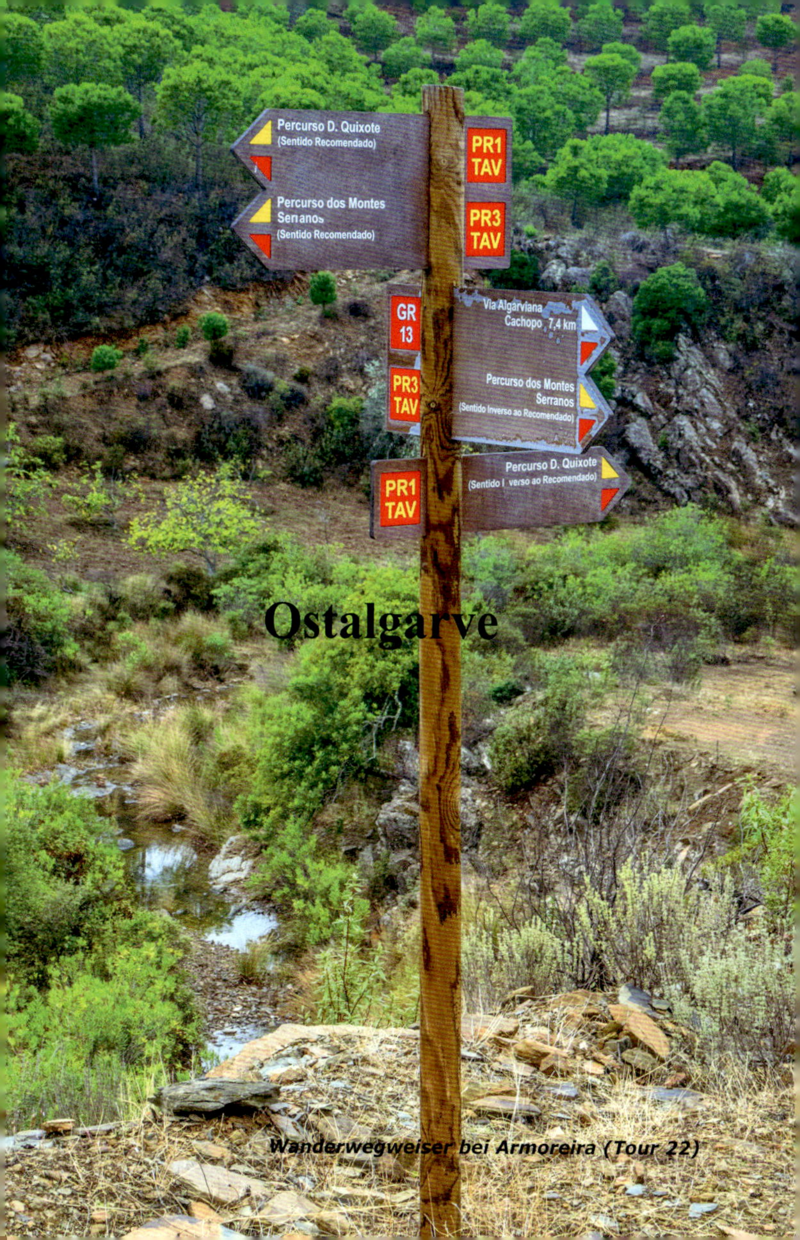

Wanderwegweiser bei Armoreira (Tour 22)

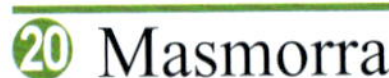

20 Masmorra

Wanderung für Liebhaber von Dolmengräbern

Diese kurzweilige Wanderung führt von dem Weiler Mealha inmitten einer ursprünglichen Hügellandschaft auf den etwa 350 m hohen Masmorra, wo neben einem tollen Rundblick auch ein prähistorisches Dolmengrab zu bestaunen ist.

Start/Ziel: ehemalige Dorfschule in Mealha, GPS N 37°21.802' W 007°52.293'

5,7 km

1 Std. 45 Min.

200 m/200 m

270-360 m

Die vorgestellte Route ist als Wanderweg TVR-PR8 durchgehend mit gelb-roten Markierungen gekennzeichnet.

unbefestigte Feldwege und Straßen, kein Schatten

keine Einkehrmöglichkeit

keine Sitzgelegenheiten entlang der Strecke

Die Tour ist für Familien mit Kindern geeignet, aber nicht sonderlich abwechslungsreich. Unbedingt an ausreichend Sonnenschutz denken.

Die Tour ist für Hunde geeignet. Je nach Jahreszeit muss aber ausreichend Wasser mitgeführt werden, da das Flüsschen im Sommer austrocknet.

P Parkmöglichkeiten am Straßenrand, für die Anfahrt die Autobahn A22 Ausfahrt „Faro/São Brás" nehmen und weiter auf der N2 durch São Brás bis nach Barranco do Velho, am Ortsausgang rechts ab und weiter bis Cachopo, dort Richtung Martim Longo abbiegen und kurz danach links und für etwa 8 km den Schildern nach Mealha folgen

Der Wanderweg TVR-PR8 beginnt an der ehemaligen Dorfschule im Weiler Mealha. Sie laufen zunächst auf der Straße leicht hinab in Richtung der Häuser und halten sich dann gleich an der ersten Gabelung bei dem Haus mit dem Garagentor in der Fassade links.

An der folgenden Gabelung geht es nach rechts weiter und die Piste führt auf ein paar runde Steinschuppen zu ❶.

In diesen *palheiros* mit einem Durchmesser von bis zu 6 m und einer Höhe von 2,5 m wurde einst das Heu für das Vieh gelagert. Die kegelförmigen Dächer wurden mit dem Schilf aus dem angrenzenden Flüsschen gedeckt.

Davor biegen Sie nach rechts auf den Pfad zwischen den bewirtschafteten Flächen rechts und dem Flüsschen links ab. Der Pfad steigt leicht an und bringt Sie zu ein paar Häusern. Nach dem engen Durchgang zwischen den Gebäuden laufen Sie nach links, passieren weitere dieser charakteristischen runden Heuschober und halten sich an der folgenden Gabelung rechts.

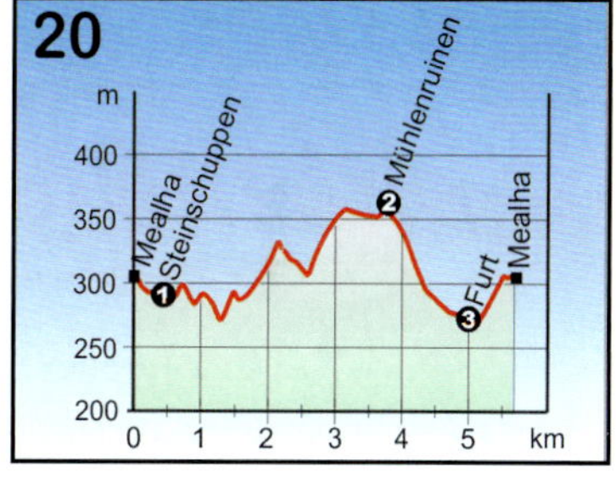

Nach etwa 205 m folgen Sie der asphaltierten Straße kurz nach links und biegen dann auf der gegenüberliegenden Straßenseite in die nach rechts abzweigenden Piste ein.

Nach der Furt über den kleinen Bach laufen Sie bei der Mauer vor der Ackerfläche geradeaus und halten sich an der folgenden Auffächerung der Pisten ganz rechts. Die Piste hält auf einen Hochspannungsmast auf dem Hügel zu, kreuzt die Stromleitung und führt dann parallel dazu in nordwestliche Richtung weiter.

An der nach 200 m folgenden Wegkreuzung im Sattel laufen Sie geradeaus weiter und erreichen 450 m weiter eine etwas unscheinbarere Kreuzung, an der Sie sich rechts halten. Sie laufen nun wieder bergan.

An der T-Kreuzung nach 300 m biegen Sie nach rechts auf die breitere Piste ab und laufen immer geradeaus bis zu den Ruinen zweier Windmühlen. Von der zweiten Ruine ❷ führt ein unscheinbarer Pfad in nordöstliche Richtung zum etwa 70 m entfernten Dolmengrab Anta da Masmorra.

Für den Weg zurück nach Mealha biegen Sie an der zweiten Ruine rechts ab und von nun an geht es nur noch bergab. Unten erreichen Sie eine weitere Furt, um das Flüsschen zu queren ❸. Anschließend halten Sie sich rechts und laufen in einer Kurve hoch zur Straße. Auf dieser wenden Sie sich nach rechts und sind nach gut 300 m zurück an der Dorfschule von Mealha.

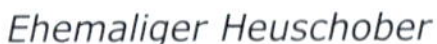

Ehemaliger Heuschober

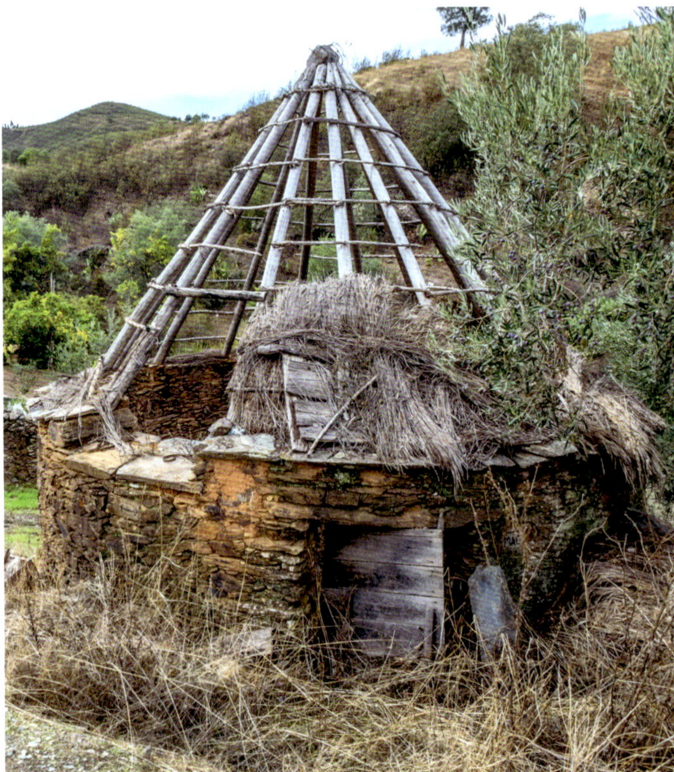

21 Rund um Vaqueiros

Einsame Wanderung für Freunde des Ursprünglichen

Das Dorf Vaqueiros etwa 45 km nördlich von Tavira und 35 km westlich von Alcoutim an der Grenze zu Spanien ist ein weißer Fleck auf der touristischen Landkarte der Algarve. Es hat sich seine Ursprünglichkeit bewahrt, ohne dabei zum Geisterdorf zu werden, wie so manches andere verlassene Nest im Hinterland, und ist der Ausgangspunkt für eine einsame Wanderung durch eine ursprüngliche Hügellandschaft, auf der einige Höhenmeter zusammenkommen.

- Start/Ziel: Ortsmitte von Vaqueiros, GPS N 37°23.029' W 007°43.641'
- 13,1 km
- 4 Std. 30 Min.
- 440 m/440 m
- 150-280 m
- Die Strecke ist durchgehend als Wanderweg ALC-PR7 mit gelb-roten Markierungen gekennzeichnet.
- überwiegend Schotterpisten, kurze Strecken auf kaum befahrenen Asphaltstraßen, kaum Schatten
- keine Einkehrmöglichkeit direkt am Weg, kleine Bar neben dem Sportplatz am Ortseingang in Vaqueiros
- Sitzbänke auf dem kleinen Platz vor der Kirche in Vaqueiros (km 0/km 13,1), einzelne Sitzbänke in Pão Duro (km 8,4), unterwegs sonst keine Sitzmöglichkeiten
- Die Tour ist für ältere Kinder mit ausreichend Kondition gut machbar. Die mehrmaligen Flussüberquerungen bieten ausreichen Kurzweil zum Dämmebauen, Schiffchenbasteln oder einfach Steine ins Wasser werfen.
- Die Tour ist für trainierte Hunde mit ausreichend Kondition gut zu machen und die Flüsschen bieten ausreichend Gelegenheit zum Erfrischen und Trinken.
- **P** Parkmöglichkeiten neben der Kirche (Rua do Poço Novo) im Ortszentrum; Anfahrt über A22 bis zur Ausfahrt 16, weiter auf der N270 bis Tavira und nach der Brücke über den Fluss links auf die N397 Richtung Cachopo, vor dem Ort rechts ab und über die M505 und M506 nach Vaqueiros. Weitere Parkmöglichkeiten am Ortseingang von Vaqueiros bei der Schule, GPS N 37°23.009' W 007°43.555'

Die Wanderung über die Hügel im Hinterland der Algarve rund um das Dorf Vaqueiros beginnt in der Ortsmitte neben der weißen ✝ Dorfkirche aus dem

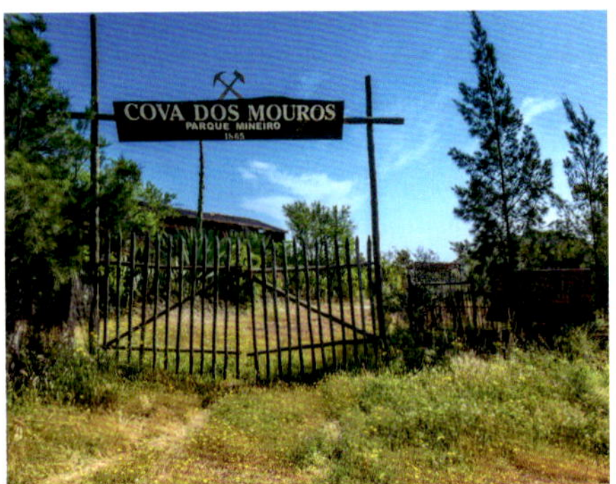

Freilichtmuseum Cova dos Mouros

16. Jh., die im 18. Jh. renoviert wurde.

Von den Parkbuchten am Straßenrand laufen Sie links an der Kirche vorbei. Oben auf dem Turm dreht sich ein schwarzer Wetterhahn, vom Nest nebenan klappert im Frühling häufig ein Storch mit dem Schnabel. An der T-Kreuzung nach etwa 100 m halten Sie sich rechts, überqueren an der nächsten Kreuzung die breite Straße M506 und es geht zunächst leicht bergab.

Nachdem der schmale Bach Barranco das Hortas überquert ist, geht es nicht steil, aber beständig bergauf durch ein im Frühjahr blumenbuntes Tal und beim Blick über die Schulter zurück bestimmen die strahlendweißen Hausfassaden von Vaqueiros das Bild. Die Vegetation ist vielfältig und Pinien, Kork- sowie Steineichen, Oleander und Zistrosen säumen den Wegesrand.

Gut 800 m hinter der Straße biegen die weiß-roten Markierungen des GR 13/Via Algarviana nach rechts ab, Sie folgen den gelb-roten Markierungen weiter geradeaus auf der klaren Piste, die stellenweise von einem Zaun begleitet wird, und erreichen bald das verschlafene Dorf Ferrarias.

Nachdem es geradewegs durchquert ist, überqueren Sie erneut einen Bach und wandern in einer Linkskurve den Hügel hinauf. Rechts am Wegesrand hinter dem Zaun mit dem verwitterten Eingangsschild „Cova dos Mouros – Parque Mineiro" ❶ liegt ein ⌘ Freilichtmuseum, das allerdings nur für Gruppen ab 15 Personen und nur nach Voranmeldung zu besichtigen ist (Infos dazu finden Sie auf 💻 www.minacovamouros.sitepac.pt). Die Jahreszahl 1865 auf dem Schild bezieht sich dabei auf die „Wiederentdeckung" der alten maurischen Kupfermine, denn schon vor 2.700 Jahren wurde hier Erz abgebaut.

Hinter dem eingezäunten Gelände steigt die Piste noch etwas an, dann liegt Ihnen zur Rechten eine weite Flussschleife der Ribeira da Foupana zu Füßen und die Piste senkt sich hinab zur Straße M506.

Dieser folgen Sie für etwa 200 m nach rechts und biegen dann noch vor der Brücke über die Ribeira da Foupana nach links auf die Piste ❷, die unter der

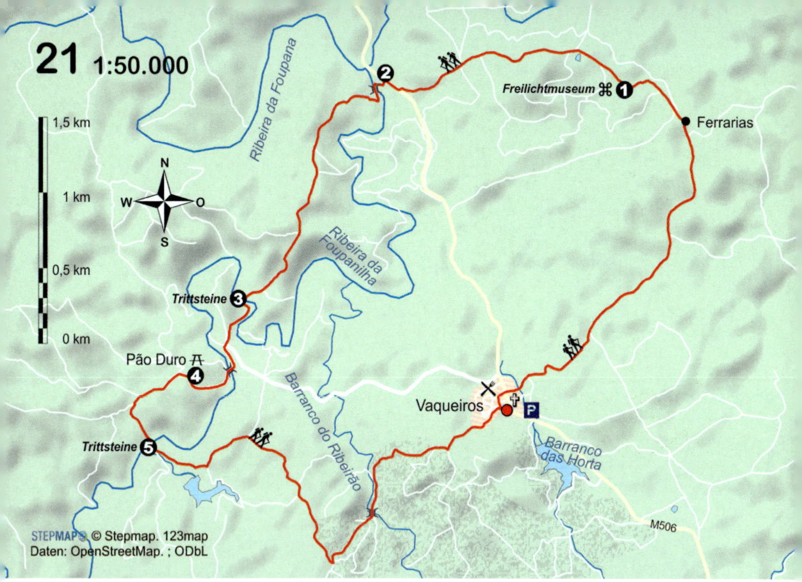

21 1:50.000

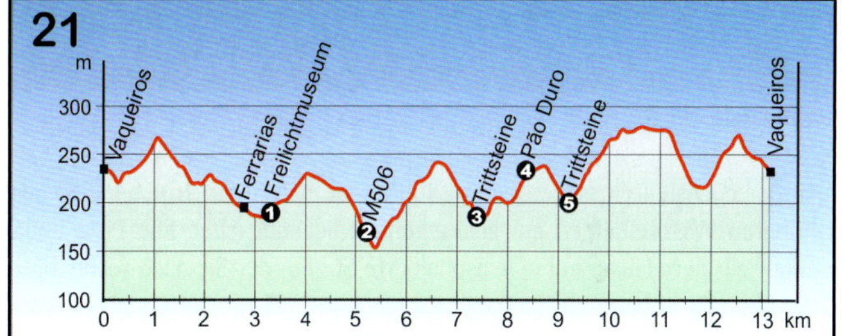

Stromleitung durchführt, und laufen hinab zum Flüsschen Foupanilha. Dieses wird im weiteren Wegverlauf insgesamt viermal überquert und mit etwas Glück lassen sich an diesen Stellen neben der reichhaltigen Ufervegetation auch Bachschildkröten, Frösche oder Wasserschlangen beobachten.

Ab dem späten Frühjahr ist der Bach allenfalls ein Rinnsal und die Überquerung bereitet keinerlei Probleme. Anschließend geht es leicht bergan und in einer Rechtskurve bis zur nächsten Gabelung. Hier halten Sie sich links. Die überwachsene Piste bietet einen weiten Panoramablick über die hügelige Umgebung und am Horizont können Sie schon das nächste Zwischenziel, das kleine Dorf Pão Duro, ausmachen.

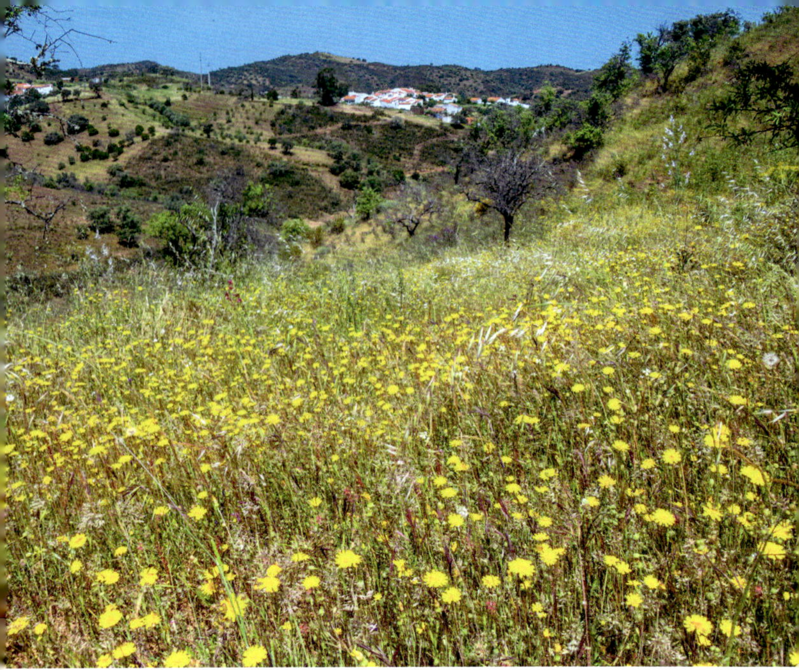

Der Weiler Pão Duro

An der nächsten Flussüberquerung führen Sie betonierte Trittsteine ❸ selbst bei höheren Wasserständen gut ans gegenüberliegende Ufer. Die Piste entlässt Sie unterhalb der Häuser auf eine asphaltierte Straße, der Sie nach rechts bis zur Brücke über die Ribeira da Foupanilha folgen, wo Sie ein vielstimmiges Froschquaken empfängt.

Hinter der Brücke führt der markierte Pfad nach rechts hoch ins Dorf, der aber so stark überwachsen ist, dass es sich anbietet, auf der Straße bis Pão Duro zu laufen, wo es ein paar ⛼ Sitzbänke zum Ausruhen gibt. An der Kreuzung am Ortsbeginn kommt von rechts der markierte Weg zurück und Sie folgen der Straße weiter in einer Linkskurve ❹.

Hinter dem letzten Anwesen wechselt der Straßenbelag von Asphalt zu Betonplatten und Sie erreichen eine Gabelung, an der Sie dem Wegweiser „Vaqueiros 3,2 km" nach links folgen. Nachdem Sie den Fluss ein viertes Mal überquert haben ❺, dieses Mal wieder mithilfe von Trittsteinen, halten Sie sich an der Gabelung links bergan.

Zu Ihrer Rechten liegt ein kleiner Stausee und auf der folgenden Anhöhe erreichen Sie eine Gabelung an vier markanten Eichen. Hier halten Sie sich rechts. Gut 1,2 km weiter erreichen Sie eine breite Kreuzung, biegen scharf links ab und wandern nun recht steil hinab in ein weiteres Flusstal.

Nach der Überquerung des Barranco do Ribeirão beginnt der Schlussanstieg gen Vaqueiros. An der folgenden T-Kreuzung halten Sie sich rechts und voraus rücken die Häuser des Dorfes in den Blick. Zum Schluss führt der Pfad wieder bergab und trifft an der folgenden Kreuzung auf den GR 13/Via Algarviana.

Hier halten Sie sich links und laufen anhand der weiß-roten Markierungen durch das Dorf zurück zur ✝ Kirche.

Wer nach der langen, anstrengenden Runde seinen Durst mit einem kalten Getränk löschen möchte, läuft rechts an der Kirche vorbei und findet hinter der Dorfschule am linken Straßenrand die kleine, namenlose Bar des Ortes (keine festen Öffnungszeiten).

Entlang der Runde sind einige Wasserläufe zu queren

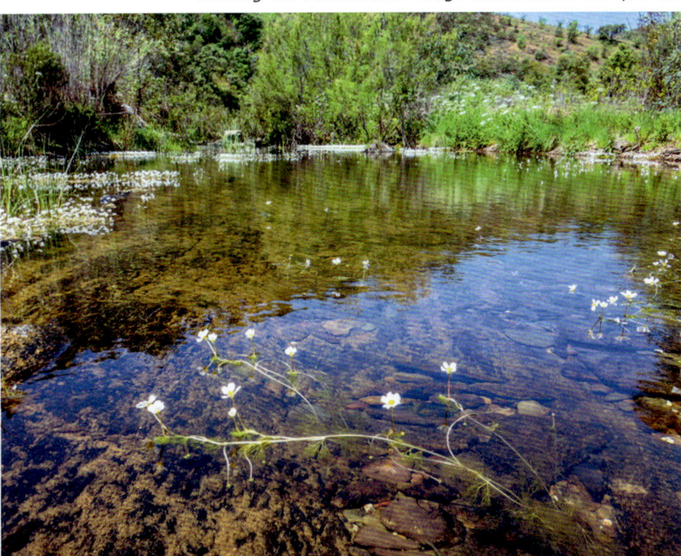

22 Auf dem Wanderweg D. Quixote rund um Casas Baixas

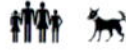

Einsame Runde für Wanderlustige

Diese ausgedehnte Rundtour führt durch die einsame Hügellandschaft im Nordosten der Algarve und begeistert mit einer abwechslungsreichen Landschaft und den Flussauen der Ribeira de Odeleite.

Start/Ziel: Ortseingang von Casas Baixas, GPS N 37°20.598' W 007°47.018'

16,8 km

5 Std. 15 Min.

570 m/570 m

140-410 m

Die Strecke ist durchgehend als Wanderweg TAV-PR1 (Percurso D. Quixote, mitunter auch als TVR-PR1 bezeichnet) mit gelb-roten Kennzeichnungen markiert.

überwiegend unbefestigte Schotterpisten und vereinzelt asphaltierte Straßen, kein Schatten

keine Einkehrmöglichkeit

schöne, überdachte Rastmöglichkeit am Ufer der Ribeira de Odeleite (km 8,8)

Die Tour ist aufgrund der Länge und des fehlenden Schattens nur für ältere, wandererfahrene Kinder geeignet.

Die Tour ist nur für trainierte Hunde mit entsprechender Kondition geeignet und es muss ausreichend Trinkwasser mitgeführt werden.

P Parkmöglichkeit am westlichen Ortseingang von Casas Baixas; Anfahrt von Tavira auf der N397 nach Norden Richtung Cachopo, etwa 2 km vor dem Ort rechts ab und über die M505 nach Casas Baixas

Ausgangspunkt für diese ausgedehnte Wanderung ist die Infotafel zu den regionalen Wandermöglichkeiten am Ortseingang von Casas Baixas in Richtung Cachopo. Sie folgen zunächst der Straße in den Ort. An der ersten Gabelung vor der Ortsmitte halten Sie sich links (von rechts kommen Sie am Ende der Wanderung zurück) in Richtung Alcario de Baixo. Folgen Sie nun der Straße für etwa 500 m in nördliche Richtung und biegen Sie dann vor der engen Rechtskurve an der Steinmauer nach links auf die Piste ❶. Hier zeigt ein Wegweiser die verschiedenen markierten Wanderwege rund um Casas Baixas an. Neben dem vorgestellten Wanderweg TBR-PR1 (D. Quixote) gibt es noch die beiden

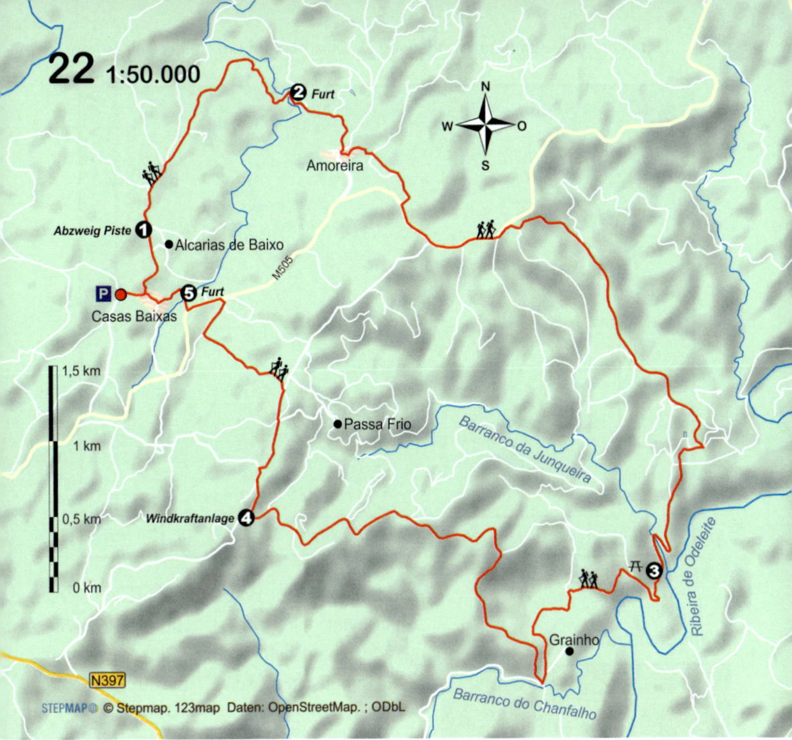

empfehlenswerten Rundtouren TVR-PR2 (Fonte da Zorra) (5 km) und TVR-PR3 (Montes Serranos) (9 km).

Für die Wanderung an den Oberlauf der Ribeira de Odeleite halten Sie sich gleich an der ersten Gabelung nach gut 100 m rechts. Das Gleiche gilt für die nächste Gabelung hinter der Hochspannungsleitung. An der folgenden Gabelung trennen sich die Wanderwege, der TVR-PR1 geht nach rechts weiter. Sie folgen der zunächst überwachsenen Piste beständig leicht bergab bis zu der Furt über einen ersten Bach ❷.

Nach einem kurzen Zwischenanstieg verabschieden sich der Weitwanderweg GR 13/Via Algarviana und TVR-PR3 nach links und Sie laufen weiter geradeaus bergan. Die Piste führt in einer Kurve in das Örtchen Amoreira. An der T-Kreuzung bei den ersten Häusern laufen Sie nach rechts und an der folgenden Kreuzung bei dem Wasserbecken gleich nach links weiter. Hinter den letzten Gebäuden wenden Sie sich nach links. Der von Mauern flankierte Weg verlässt den Ort

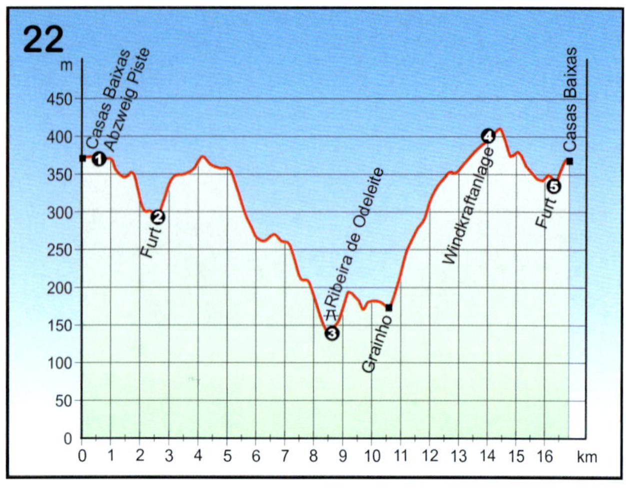

Wanderwegmarkierung

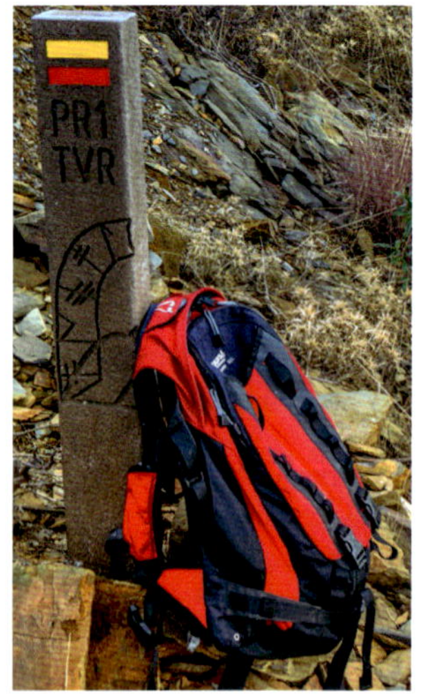

und führt zu einer Wegkreuzung (GR 13/Via Algarviana nach links). Hier laufen Sie geradeaus auf dem schmalen Pfad zwischen Zistrosenbüschen weiter und treffen bald wieder auf die Piste.

Hier laufen Sie geradeaus auf dem nun wieder breiteren Weg hoch zur Straße und wenden sich auf dieser nach links.

Nach gut 800 m nehmen Sie die rechts abzweigende Piste und laufen abwärts in das schöne Flusstal. Nach etwa 4,6 km Abstieg erreichen Sie den Rastplatz mit einer überdachten Ħ Tisch-Bank-Kombination am Ufer der Ribeira de Odeleite ❸. Die Chance zur Pause sollten Sie nutzen, denn der Rastplatz markiert in etwa die Halbzeit der Wanderung und von nun an geht es nur noch bergan zurück nach Casas Baixas.

An der Gabelung nach der scharfen Rechtskurve halten Sie sich links und steigen

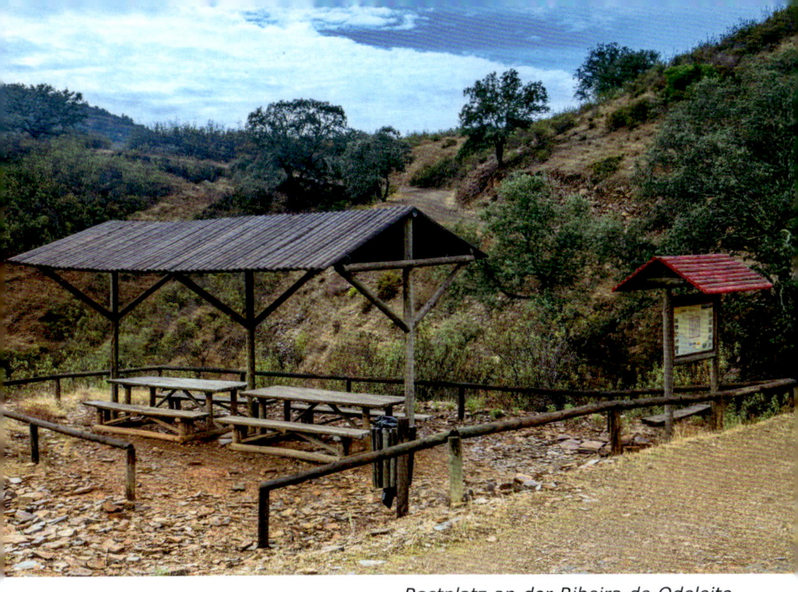

Rastplatz an der Ribeira de Odeleite

mit weitem Blick auf die schönen Flussschleifen zum Örtchen Grainho auf, dessen Häuser weit in der Landschaft versprenkelt liegen. Halten Sie sich gleich an der ersten Kreuzung rechts und laufen Sie in einer Linkskurve um den Ort herum. An der breiten Kreuzung am Ende halten Sie sich rechts und nehmen halb rechts die steil ansteigende Piste Richtung Passa Frio/Garcia.

Es geht ordentlich bergan und die Mühe wird mit einer tollen Aussicht über Dorf und Tal mit Gemüsegärten und Feldern belohnt. Sie laufen immer auf der Hauptpiste bergan und ignorieren die nach links und rechts abzweigenden schmaleren Pisten zu den zahlreichen Windkraftanlagen, die sich auf dem Höhenzug tummeln.

An der breiten T-Kreuzung direkt vor einer Windkraftanlage ❹ biegen Sie rechts ab. An der Gabelung nach 300 m halten Sie sich rechts (✋ unmarkiert) und steuern auf die beiden Windmühlenruinen aus Naturstein zu. Rechts ist das Dorf Passa Frio im Tal zu sehen. An der nächsten Kreuzung unterhalb der erwähnten Mühlenruinen laufen Sie geradeaus weiter und biegen nach gut 200 m links auf die schmale Piste.

An der folgenden T-Kreuzung vor der Straße halten Sie sich rechts, erreichen die Straße und wenden sich für 250 m nach links. In der Kurve biegen Sie nach rechts auf den Trampelpfad. Er führt durch Büsche zu einer Furt ❺. Anschließend laufen Sie gleich hinter dem ersten Grundstückszaun nach links und kommen auf einen schmalen Pfad, der zwischen den Häusern hoch nach Casas Baixas führt. Hier wenden Sie sich nach rechts und laufen durch die weißen Gassen des Ortes, bis Sie auf die vom Beginn der Wanderung bekannte Straßenkreuzung am Ortseingang treffen. Hier wenden Sie sich nach links und erreichen nach 150 m den Ausgangspunkt.

Die Häuser von Grainho

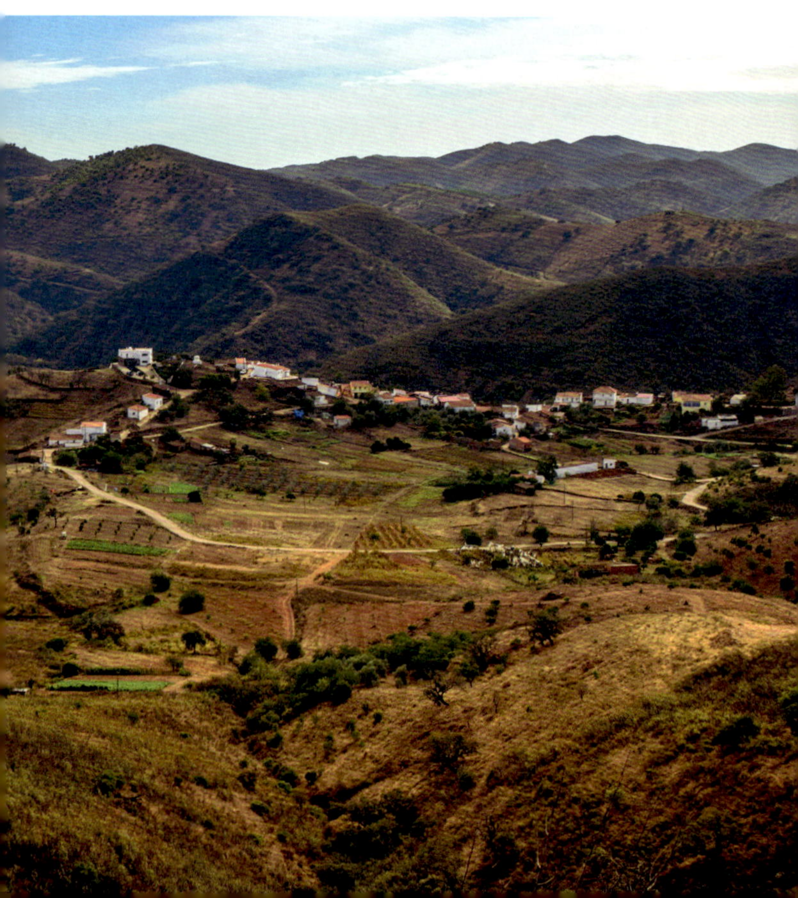

㉓ In den Hügeln der Serra do Caldeirão

Einsame Rundtour für Entdecker der ursprünglichen Algarve

Die Serra do Caldeirão bildet zusammen mit der Serra de Monchique das bergige Hinterland der Algarve am Übergang zum Alentejo. Diese ausgedehnte Wanderung führt Sie abseits der Touristenpfade durch die sanft gewellte Hügellandschaft mit Korkeichen sowie Zistrosen- und Rosmarinsträuchern. Die verlassenen Steinhäuser entlang der Wanderung legen ein stummes Zeugnis davon ab, dass in den letzten Jahrzehnten viele Menschen vor dem harten Landleben in die Touristenstädte an der Küste oder gleich nach Lissabon geflohen sind. Wem die Strecke zu lang ist, kann die Wanderung in drei kleine Rundwege unterteilen. Hohe Wasserstände in den Wintermonaten können zu Schwierigkeiten bei den Flussüberquerungen führen.

- Start/Ziel: an der Übersichtskarte zum Wanderweg in Parizes, GPS N 37°14.862' W 007°51.168'
- 20,3 km
- 6 Std. 30 Min.
- ↑↓ 860 m/860 m
- 280-510 m
- Die Strecke ist als lokaler Wanderweg SBA-PR2 durchgehend mit gelb-roten Markierungen versehen.
- überwiegend Feldwege, kürzere Abschnitte auf asphaltierten Straßen, wenig Schatten
- Snackbar O Fortes (km 0,2) und Snackbar M. Dias (ca. 50 m nördlich der Kreuzung am Start-/Endpunkt) in Parizes
- Sitzbänke in Parizes, Picknickplatz mit Tischen und Bänken am Aussichtspunkt in Cabeça do Velho (km 13,2)
- Die große Runde ist für Wanderungen mit Kindern aufgrund der Länge sowie der Streckenführung auf überwiegend breiten Pisten eher ungeeignet. Am lohnenswertesten für Wanderungen mit Kinder ist die erste Hälfte der Tour bis Várzea do Velho.
- Nur in Ausnahmefällen bringen Hunde ausreichend Kondition für die komplette Tour mit. Auch für eine Wanderung mit Vierbeinern ist der erste Tourenteil am besten geeignet.
- P Parken am Straßenrand in der Ortsmitte von Parizes neben der Übersichtskarte zum Wanderweg an der Bushaltestelle; Anfahrt über die N270 oder N2 nach São Brás de Alportel und dort auf die nördliche Umgehung des Stadtzentrums, dann auf der M513

und M1202 weiter nach Norden und über Cova da Muda nach Javali und dort rechts ab auf die M513 nach Parizes. Soll die Strecke aufgeteilt werden, fahren Sie für die kleine Runde ganz im Nordosten oder die östliche Hälfte der Tour durch Parizes und dann noch für etwa 2,5 km weiter auf der Straße nach Osten bis zum Parkplatz am Aussichtspunkt/Picknickplatz von Cabeça do Velho, GPS N 37°14.630' W 007°50.029'.

Von der Übersichtskarte zum Wanderweg neben der Bushaltestelle laufen Sie auf der Straße (M513) nach Südwesten in Richtung Ortsausgang, folgen vor der ✕ Snackbar O Fortes dem Wegweiser „Percurso Pedestre" nach links.

✕ O Fortes, M513, Parizes/São Brás de Alportel, ☏ 289 84 61 47, täglichab 9:00

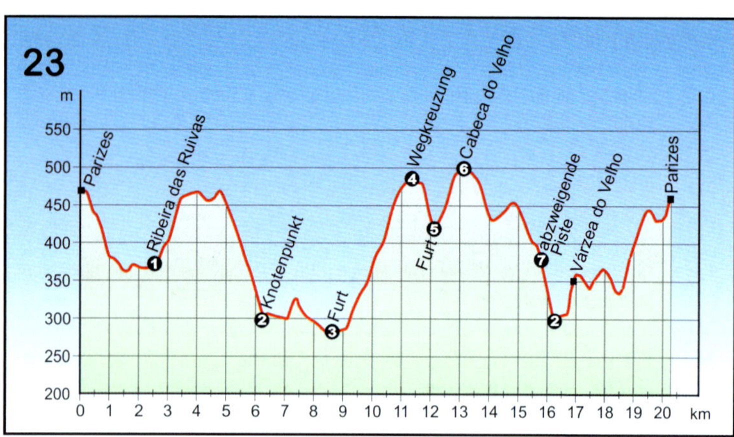

Sie biegen nach ein paar Schritten gleich an der nächsten Gabelung rechts auf die durch das Zusatzschild „4x4" als nur für Fahrzeuge mit Allradantrieb tauglich gekennzeichnete Piste Richtung Javali.

Die Strecke wird von Korkeichen gesäumt und an der nächsten Gabelung halten Sie sich rechts und laufen oberhalb des Bachtals weiter. Es geht leicht bergab vorbei an einer Quelle und über eine erste Rohrbrücke. Dann schwenkt die Piste nach rechts (die nach links zu den Feldern am Ufer abzweigenden Piste können Sie ignorieren) und führt zu einer weiteren weißen Rohrbrücke über einen Seitenbach.

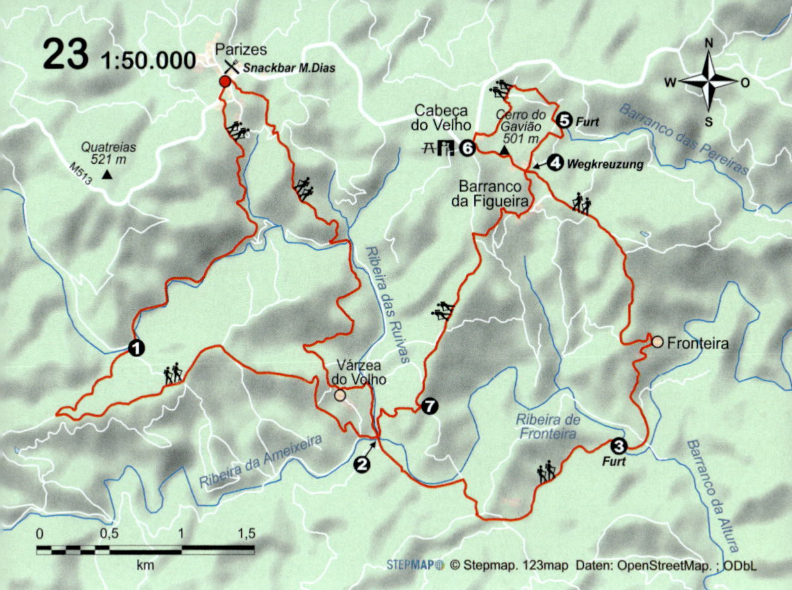

Gut 500 m weiter kehren Sie der Piste Richtung Javali den Rücken und folgen den gelb-roten Markierungen nach links. Nach der Überquerung der Ribeira das Ruivas ❶ geht es ordentlich bergan. An der Gabelung oben wenden Sie sich auf der breiteren Piste auf dem Kamm nach links.

Nach rund 1 km erreichen Sie eine größere Gabelung und auf der gegenüberliegenden Talseite sind die Häuser von Parizes vor den Windrädern auf den Hügeln dahinter zu sehen. Hier halten Sie sich links und nach einem kurzen Zwischenanstieg senkt sich die Piste und führt zu einer größeren Wegkreuzung südlich der verlassenen Häuser des ehemaligen Weilers Várzea do Velho.

Für eine kurze Wanderung können Sie hier dem GR 13/Via Algarviana nach links zurück nach Parizes folgen (insgesamt ca. 9,2 km).

Für die große Runde folgen Sie den gelb-roten Markierungen weiter geradeaus.

Auch an der folgenden Kreuzung führt der Wanderweg SBA-PR2 weiter geradeaus und Sie erreichen den zentralen Knotenpunkt der Rundwanderung am Zusammenfluss von Ribeira das Ruivas, Ribeira de Fronteira und Ribeira da Ameixeira ❷.

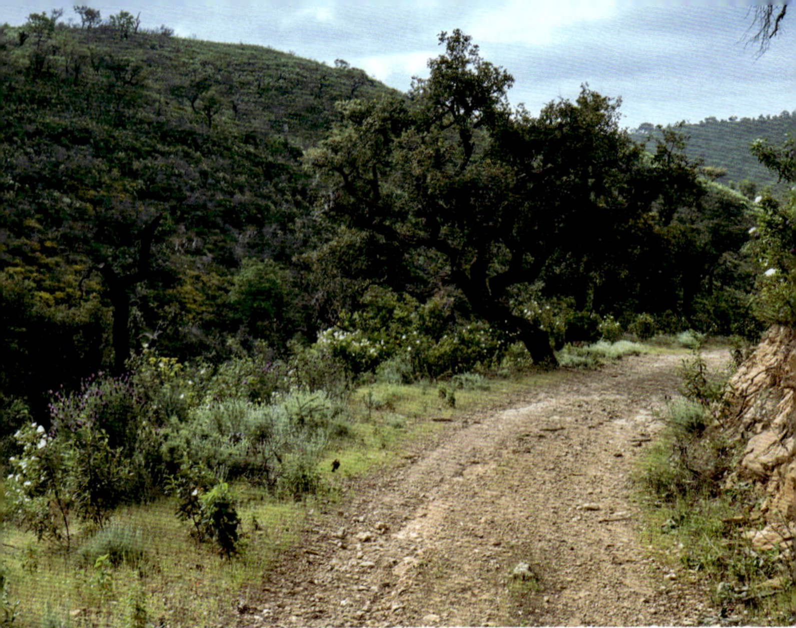

Piste bei Parizes

↳ Sie können nach links direkt zurück zum Ausgangspunkt in Parizes wandern (Gesamtstrecke dann ca. 10,2 km).

Für die Fortsetzung der kompletten „Acht“ halten Sie sich rechts, wechseln auf den Trittsteinen auf das gegenüberliegende Ufer der Ribeira de Fronteira und laufen auf der Piste nach links bergan und parallel zum Flusslauf weiter.

An der breiten Pistenkreuzung nach knapp 750 m folgen Sie dem Straßenschild Richtung Pero de Amigos nach rechts bergan. An der nach knapp 300 m folgenden Kreuzung nehmen Sie die zweite Piste nach links und an der Gabelung bei dem weißen Schuppen mit Metalldach und grüner Holztür laufen Sie geradeaus weiter (nicht nach rechts über den Bach). Der Fahrweg führt vorbei an verfallenen Gebäuden und wechselt mehrfach über das Bächleich hin und her bis zu einer breiten, aber flachen Furt über die Ribeira de Fronteira ❸.

Die Piste führt zu den ersten verfallenen Häusern des Weilers Fronteira. 150 m weiter, bei den noch bewohnten Häusern, laufen Sie in einer engen Linkskurve auf der Piste bergan. Nun folgen Sie für gut 1,5 km dieser breiten Piste in einem leichten Bogen nach Norden und stetig bergan. Die nach rechts und links abzweigenden, schmaleren Wege können Sie ignorieren.

Auf rund 480 m Höhe werden Sie an der Wegkreuzung ❹ vor einer Häuseransammlung von den Dorfhunden „begrüßt" und können zwischen zwei Varianten entscheiden, wie es weitergeht.

Der folgende Abschnitt ist vergleichsweise schlecht markiert und der Pfad nicht immer auf den ersten Blick zu erkennen.

Wer sich die gut 2 km lange Runde um den Cerro do Gavião sparen möchte, wendet sich an der Kreuzung gegenüber vom ersten Haus auf der Straße nach links.

Für die komplette Runde wenden Sie sich vor dem ersten Haus nach rechts und folgen dem Weg bis zu einer offenen, von Trockenmauern gesäumten Wiese. Dieser folgen Sie am rechten Rand bergab, bis Sie am Ende einen deutlicheren, sandigen Pfad finden.

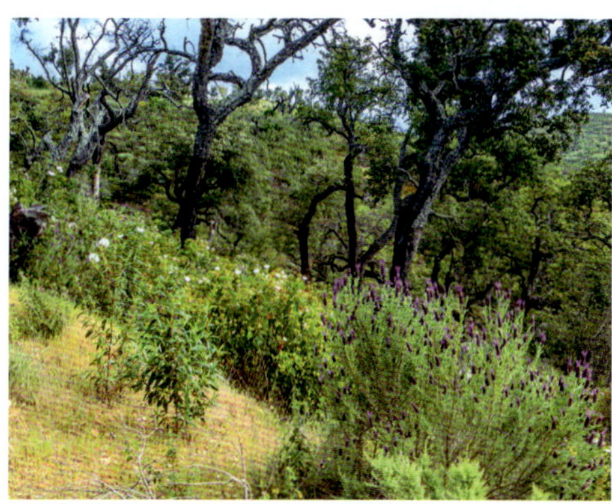

Korkeichen

Dieser führt nach rechts bergab und macht eine große Linkskurve. Am Ende müssen Sie nach rechts den Hang absteigen, um das Bächlein zu überqueren ❺. Anschließend laufen Sie zwischen den Mauern wieder hoch und in einer Linkskurve auf die Häuser oben an der Straße zu. Der Pfad biegt aber vorher ab und führt vorbei an einer Quelle zu einigen verfallenen Häusern an einer asphaltierten Straße.

Auf dieser laufen Sie nach rechts weiter bergan und erreichen nach etwa 370 m die M517, auf die Sie nach links abbiegen. Kurz darauf erreichen Sie den Rastplatz am Miradouro Cabeça do Velho ❻ mit Sitzbänken und Tischen , wo Sie bei der wohlverdienten Pause den Ausblick über das Tal genießen können.

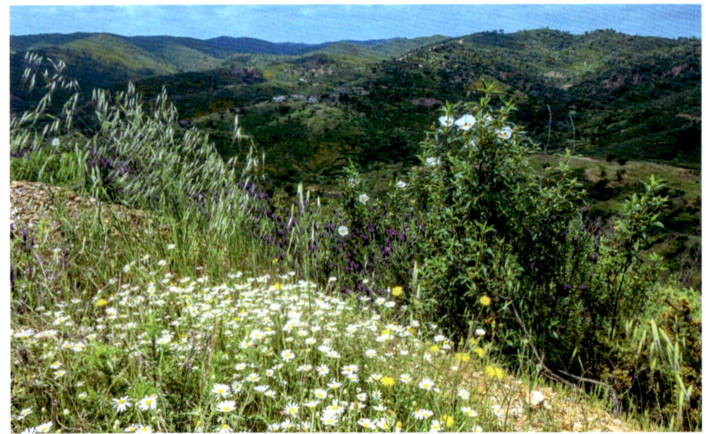

Im Frühling steht die Landschaft in voller Blüte

Für den Rückweg nehmen Sie gleich die erste, vor der Parkbucht nach links abzweigende Straße und sind nach rund 450 m zurück an der vom Hinweg bekannten Kreuzung ❹. Hier halten Sie sich nun rechts und folgen der Straße hinab in das Dörflein Barranco da Figueira. Am Ende der Asphaltdecke biegen Sie vor dem weißen Schuppen an den verfallenen Häusern nach rechts auf den Pfad.

Auf dem folgenden Abschnitt ist der Weg mitunter schlecht markiert.

Folgen Sie dann nach 50 m nicht weiter dem deutlicheren Pfad bergab, sondern halten Sie sich rechts, um den überwachsenen Bach zu überqueren. Auf der gegenüberliegenden Seite ist der Weg dann wieder breiter und gut zu erkennen. Er führt Sie in einer Kurve nach links an einer weiteren Quelle vorbei und trifft auf die Kurve einer klareren Piste, der Sie nach rechts weiter bergan folgen (der Markierungspfosten versteckt sich in den Büschen). An der folgenden T-Kreuzung halten Sie sich links und können fern am Horizont schon die Häuser von Parizes erkennen.

Die Piste verliert aber erst einmal an Höhe und nach rund 1,3 km heißt es hinter der ersten Kurve mit Leitplanken aufgepasst.

Ein verblichener, unscheinbarer Pfosten mit einem „X“ macht deutlich, dass es nicht auf der Piste weitergeht.

Biegen Sie davor nach rechts auf die schmalere Piste ❼. Diese führt z. T. recht steil und rutschig bergab an den vom Beginn der Wanderung bekannten Knotenpunkt ❷. Nachdem die Ribeira das Ruivas auf den Trittsteinen überquert ist, halten Sie sich rechts und laufen parallel zum gluckernden Bach. Auf der größeren Freifläche nach knapp 400 m laufen Sie nach links bergan zu den verlassenen Häusern von Várzea do Velho.

Oberhalb der Häuser treffen Sie wieder auf den GR 13/Via Algarviana und laufen nach rechts weiter gen Norden Richtung Parizes. Zunächst verliert die Piste noch einmal an Höhe und Sie überqueren ein weiteres Bächlein und nach einem kurzen Zwischenanstieg erneut die Ribeira das Ruivas.

Dahinter geht es dann in einer Rechtskurve endgültig bergan zurück nach Parizes. An der Gabelung nach gut 1,1 km laufen Sie geradeaus auf den schmalen Pfad, der Sie zum alten Brunnen Poço de Madruga führt. Der Pfad entlang der Mauer (Caminho do Vale da Cruz) führt Sie zum öffentlichen Waschhaus von Parizes und entlässt Sie direkt an der Kreuzung in der Ortsmitte. 50 m die Straße geradeaus bietet die ✗ Snackbar M. Dias die Möglichkeit zur Erfrischung nach der langen Wanderung.

✗ M. Dias, Parizes/São Brás de Alportel, ☏ 289 84 61 68, keine festen Öffnungszeiten

Poço de Madruga

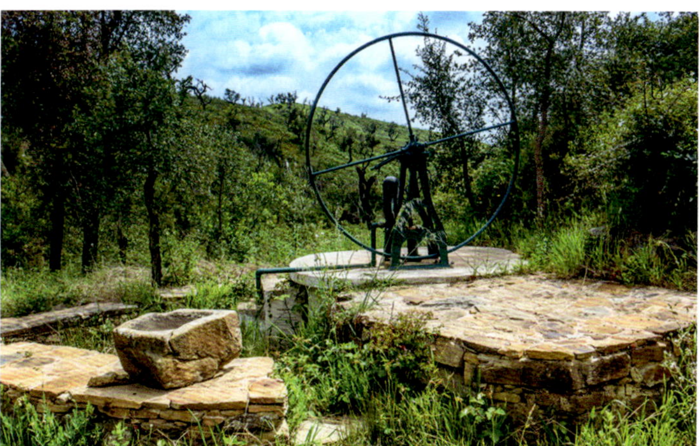

24 Zu den Brunnen im Tal des Bengado

Wanderung für Naturfreunde

Olivenbäume, Korkeichenwälder, Gemüsegärten und mehrere alte Brunnen zeugen von der Fruchtbarkeit der ländlichen Region östlich des Provinzstädtchens São Brás de Alportel. Entlang der herrlichen, alten Wege, die über weite Strecken von Trockenmauern gesäumt werden, erkunden Sie das Flusstal des Bengado und lernen auch die typische Vegetation des Barrocal mit Salbei, Zistrose, Mastixsträuchern und Thymian kennen. Besonders reizvoll ist eine Wanderung zur Zeit der Mandelblüte im Februar.

Start/Ziel: Fonte da Mesquita östlich von São Brás de Alportel, GPS N 37°08.836' W 007°51.244'

8,9 km

2 Std. 30 Min.

275 m/275 m

180-295 m

Die Wanderung ist durchgehend mit gelb-roten Markierungen ausgezeichnet (Wanderweg SBA-PR1).

Feldwege und verkehrsarme Straßen, längere schattige Abschnitte durch Korkeichenwälder

Restaurant Lagar da Mesquita (km 0/km 8,6)

Pausenbank am alten Brunnen Poço Velho (km 6,5)

Die Tour ist für Wanderungen mit älteren Kindern geeignet. Es gibt unterwegs aber nur begrenzt Schatten, daher unbedingt ausreichend Sonnenschutz mitnehmen.

Die Tour ist aufgrund zahlreicher, frei laufender Hunde nicht für die Wanderung mit dem eigenen Vierbeiner geeignet.

P Parkplatz am Restaurant Lagar da Mesquita; Anfahrt über die N270 aus Richtung Tavira, etwa 4 km hinter Santa Catarina da Fonte do Bispo links ab Richtung Mesquita (ausgeschildert), an der Kreuzung mit dem Brunnen in dem Minidorf links und gleich wieder links in die Sackgasse

Sie starten vom Parkplatz in nordöstliche Richtung. In der Verlängerung wird die Sackgasse zu einem schönen Wanderweg zwischen Trockenmauern und die Gärten links und rechts des Weges sind durchzogen von Oliven-, Mandel- und Johannisbrotbäumen. Nach etwa 450 m erreichen Sie den alten Brunnen Poço do

Monte Negro ❶. 100 m weiter biegen Sie nach rechts auf die asphaltierte Straße ab, wenden sich für etwa 30 m nach rechts und laufen dann direkt hinter dem Gebäude nach links weiter.

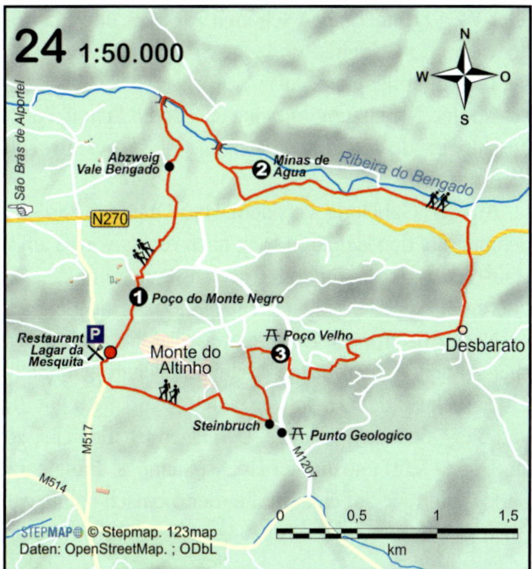

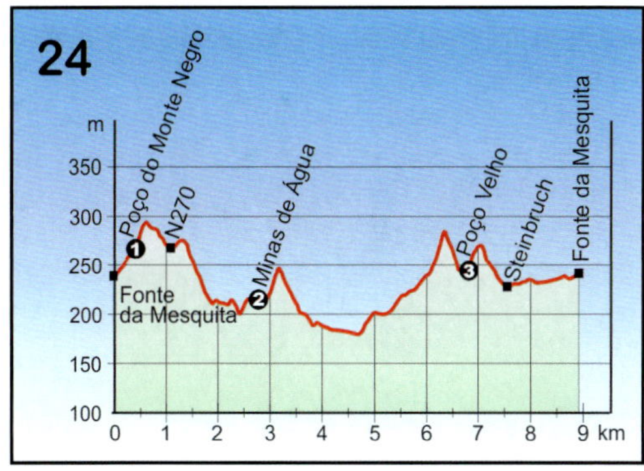

Der Wanderweg schwenkt beim nächsten Anwesen (die furchteinflößenden Wachhunde bleiben dank eines stabilen Zauns außer Reichweite, aber seien Sie vorgewarnt) nach rechts und zu Ihrer Linken öffnet sich ein weiter Blick in das fruchtbare Tal.

Sie überqueren die N270 und laufen auf der schmalen Straße noch ein kurzes Stück weiter geradeaus. An der folgenden Gabelung halten Sie sich links und folgen dem weiterhin asphaltierten Weg bis zur Casa Castanha. Hier endet die Teerdecke und etwa 150 m weiter beschreibt der Hauptweg eine Linkskurve.

Hier müssen Sie halb rechts auf den deutlich schmaleren Feldweg abbiegen, der Sie hinab in das Tal des Flüsschens Bengado führt.

Der Weg eröffnet einen schönen Ausblick über das Flusstal bis zu den Hügeln der Serra do Caldeirão und eine Schautafel informiert geneigte Wanderer über die Geologie des Barrocal.

An der T-Kreuzung mit einer breiteren Schotterpiste nach der Überquerung der Ribeira do Bengado folgen Sie dieser nach rechts zu einer Ansammlung von Häusern.

An der Gabelung vor dem Haus mit dem hohen, weißen Wellblechzaun nehmen Sie den kleineren Weg nach rechts vorbei am Weinstock im Garten des Hauses. An der folgenden T-Kreuzung halten Sie sich erneut rechts und überqueren auf einer Brücke erneut die Ribeira do Bengado.

Nach 200 m weist der Wegweiser „Minas de Água" auf einen kurzen Abstecher zu den Wasserquellen in einer stollenartigen Karsthöhle ❷ hin.

Zurück auf dem Hauptweg laufen Sie noch für gut 200 m in südliche Richtung und biegen dann vor der N270 in einer scharfen Linkskurve auf den Schotterweg ab. Dieser führt entlang der Hochspannungsleitung parallel zur N270 weiter. Am Ende treffen Sie auf eine Straße, der Sie nach rechts vorbei am Treibhaus folgen. Auch an der folgenden Kreuzung geht es rechts weiter. Nach 200 m stehen Sie

Zwischen Trockenmauern führt der Weg vorbei an schönen Gärten

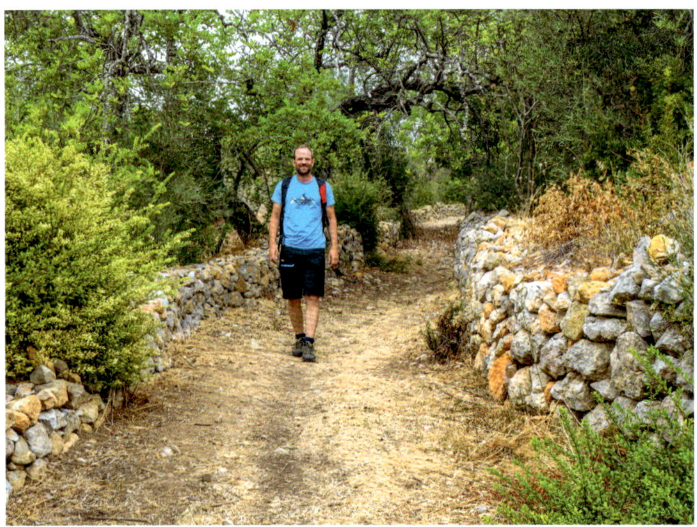

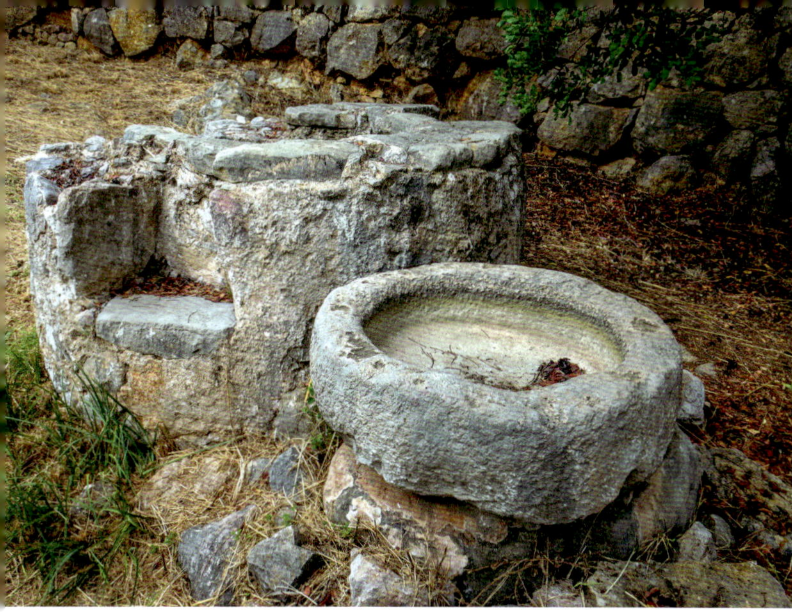

Ehemaliger Brunnen Poço do Monte Negro

an der N270, überqueren diese vorsichtig und laufen geradeaus weiter Richtung Desbarato.

Die Straße wird von alten Korkeichen gesäumt und auch an der folgenden Kreuzung laufen Sie weiter geradeaus und folgen der Straße in einer Rechtskurve bergan. Knapp 200 m später biegen Sie dann nach rechts auf den Feldweg ab (Caminho da Pilheta). Dieser führt oberhalb eines fruchtbaren Tals mit Gärten und alten Brunnen nach Westen.

An der Gabelung oberhalb der freien Wiesenfläche geht es nach links weiter und nach gut 150 m dann auf dem schmalen Pfad zwischen den Mauern nach rechts.

Am höchsten Punkt passieren Sie die Nobel-Ferienvilla Casa Menhir und laufen an weiteren Häusern vorbei hinab zur Straße. Hier gehen Sie gleich bei der Toreinfahrt zur nächsten Ferienvilla auf den Pfad links neben der Straße. Dieser führt Sie durch eine Ansammlung von Häusern und an der nächsten T-Kreuzung biegen Sie rechts ab. Nach wenigen Schritten erreichen Sie den alten Brunnen Poço Velho und das ehemaligen Waschhaus des Dorfes ❸, wo eine Sitzbank zur Pause einlädt.

Am Brunnen verführt ein Wegweiser mit der Aufschrift „Café“ dazu, weiter der Straße zu folgen. Eine Einkehrmöglichkeit konnte ich hier aber nicht entdecken.

Für die Fortsetzung der Wanderung müssen Sie die Straße nach links verlassen und laufen zwischen Brunnen und Waschhaus auf dem schmalen Pfad bergauf. Sie treffen dann am Tor vor der Casa da Saudade auf eine Piste. Vor dem nächsten Anwesen biegen Sie links ab und folgen dem Pfad zwischen den Mauern bergab bis zur T-Kreuzung vor dem Steinbruch.

Geologie-Interessierte können hier dem Wegweiser „Ponto Geologico“ nach links zu einem schön angelegten Rastplatz an der M1207 mit einigen Infotafeln folgen. Für den Rückweg laufen Sie an der T-Kreuzung vor dem Steinbruch rechts weiter und gleich in der folgenden Linkskurve der Straße auf Höhe der Grundstücksmauer halb rechts auf dem Pfad zwischen den Trockenmauern weiter.

An der nächsten T-Kreuzung neben der grünen Wellblechhütte geht es rechts und an der sogleich folgenden Pistenkreuzung links. Vor dem Werksgelände einer Biogasanlage treffen Sie auf eine breitere Piste und folgen dieser nach rechts bis

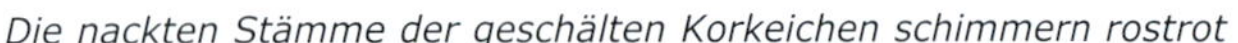

Die nackten Stämme der geschälten Korkeichen schimmern rostrot

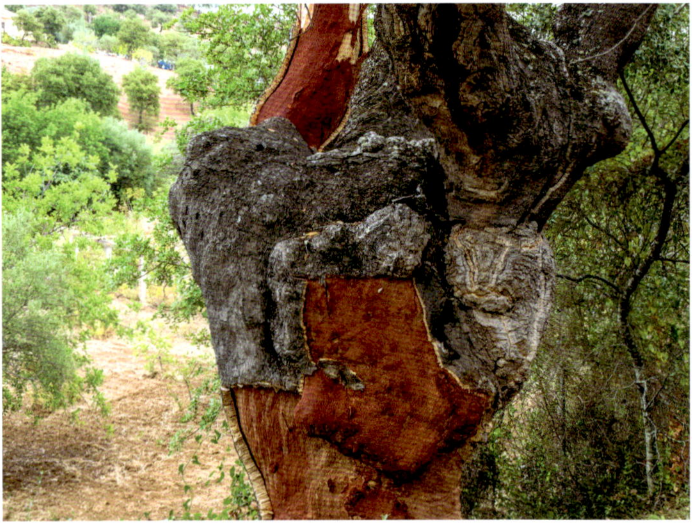

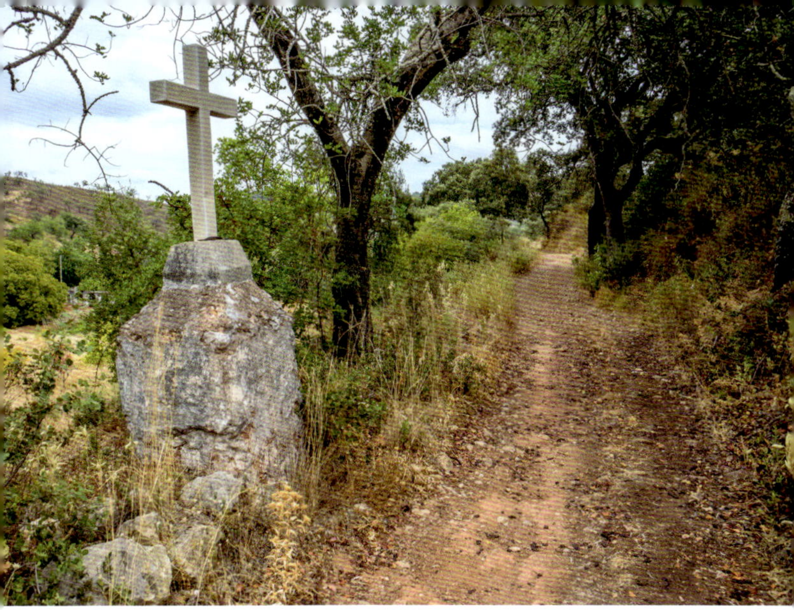

Auf dem Weg nach Poço Velho

zur Kreuzung mit der M517. Hier wenden Sie sich ebenfalls nach rechts und sind nach gut 100 m zurück an der Kreuzung mit der Fonte da Mesquita und dem ✕ Restaurant Lagar da Mesquita.

✕ Restaurant Lagar da Mesquita, Mesquita Baixa 315A, 8150-048 Sao Bras de Alportel, ☏ 289 84 58 09, 💻 www.lagardamesquita.com, Mo Ruhetag, Di nur 19:00-22:30, Mi-Sa 12:30-14:30 und 19:00-22:30, So 12:30-14:30. Untergebracht in den Gemäuern einer ehemaligen Ölmühle und mit viel Liebe fürs Detail umgebaut und eingerichtet verwöhnt es den Gaumen zu fairen Preisen mit einer ausgezeichnet traditionellen Küche.

㉕ Ilha de Tavira

Weitläufiger Strandspaziergang für Maritim-Freunde

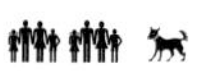

Die alte Handels- und Hafenstadt Tavira empfängt ihre Gäste mit einer gemütlichen Atmosphäre. Im beschaulichen Stadtzentrum gibt es viel zu sehen, darunter die Reste einer Burg, unzählige Kirchen und eine römische Brücke. In den Gassen laden leckere Restaurants zur Einkehr und wer mag, findet auch ausreichend Gelegenheit zum Shopping. Die vorgelagerte Ihla de Tavira lockt mit einem herrlichen, 10 km langen Sandstrand. Haben Sie den belebteren Strandabschnitt gleich hinter dem Fähranleger erst einmal hinter sich gelassen, sind Sie alleine mit Meer, Wind und Wellen und finden selbst in der Hochsaison noch einsame Plätzchen.

- Start/Ziel: Bahnhof in Tavira, GPS N 37°07.257' W 007°39.338'
- 13,9 km (+3 km Bootsüberfahrt)
- 3 Std. 45 Min. (+15 Min. Bootsüberfahrt)
- 70 m/70 m
- 0-30 m
- Die Strecke ist nicht markiert.
- asphaltierte Straßen und Fußgängerwege im Stadtgebiet, langer Sandstrand auf der Ilha de Tavira, Rückweg über Schotterpisten und Asphaltstraßen, im gesamten Streckenverlauf kaum Schatten
- Zahlreiche Restaurants in der Innenstadt von Tavira (km 0,5-1,2), an der Praia da Ilha de Tavira, z. B. Restaurant Ria de Formosa, Sunshine Bar und Costabeach Bar (alle bei km 4,6), Restaurants Peixe & Petiscos und Museu Do Atum an der Praia do Barril (beide bei km 10) und mehre Einkehrmöglichkeiten in Santa Luzia (km 12,5-13,5)
- Rastbänke mit Sonnensegel an der Strandpromenade in Santa Luzia (km 12,9)
- Der Strandabschnitt auf der Ilha de Tavira bietet zahlreiche gute Bademöglichkeiten (km 5 bis km 10)
- Supermärkte in Tavira (km 0/km 16,9)
- Für Kinder sind die Bootsüberfahrt und der ausgedehnte Strandabschnitt auf der Ilha de Tavira besonders reizvoll sind.
- Der Weg durch das Stadtgebiet und der belebte Strandabschnitt am östlichen Ende der Ilha de Tavira sowie der Rückweg über Santa Luzia sind für Hunde nicht gut geeignet. Hunde werden auf der Fähre nur mit Maulkorb mitgenommen.
- Ca. 5x am Tag Busverbindungen nach Faro und Vila Real de Santo António (www.eva-bus.com), der Busbahnhof liegt in der Rua dos Pelames am westlichen

Flussufer in der Nähe der römischen Brücke. Wer die Tour abkürzen und sich den Rückweg durch Santa Luzia sparen möchte, kann ab Pedras d'El Rei mit dem Bus der Linie 105 über Santa Luzia nach Tavira zurückkehren. Er verkehrt in der Woche etwa stündlich, aber nicht samstagnachmittags und sonntags (www.eva-bus.com/pdf/105.pdf).

Tavira liegt an der Hauptbahnstrecke der Algarve von Faro nach Vila Real de Santo António mit etwa 10-14 Verbindungen pro Tag, www.cp.pt.

P Am Bahnhof in Tavira sind ausreichend Parkmöglichkeiten vorhanden. Wenn Sie nicht in Tavira übernachten und mit dem Auto nicht durch die engen Gassen der Altstadt manövrieren wollen, können Sie die Wanderung auch gut in Pedras d'El Rei beginnen (Parkmöglichkeiten an der Straße und großer Parkplatz, GPS N 37°05.556' W 007°40.612'). Alternative Startpunkte mit guten Parkmöglichkeiten in Tavira finden Sie am Busbahnhof (GPS N 37°07.629' W 007°39.155') sowie am Jachthafen Quatro Águas (GPS N 37°07.019' W 007°37.852').

Mit dem Bahnhofsgebäude im Rücken starten Sie nach links in Richtung Kreisverkehr. Wer sich für die Tour mit Proviant eindecken möchte, hat dazu rechts im deutschen Discounter (täglich 8:30-21:30) die Möglichkeit. Im Kreisverkehr nehmen Sie die zweite Ausfahrt Richtung Zentrum (centro) und folgen der Avenida Dr. Mateus Teixeira de Azevedo.

Nach gut 500 m biegen Sie am Ende der Straße nach links und gelangen über die Rua de Liberdade auf die zentralen Praça da República am Ufer des Rio Gilão. Hier wenden Sie sich vor der römischen Brücke auf der Uferpromenade nach rechts, passieren die alte Markthalle mit Boutiquen, Restaurants und Kunsthandwerk und erreichen den Anleger der Ausflugsschiffe zur Ilha de Tavira ❶.

Fähre zur Ilha de Tavira

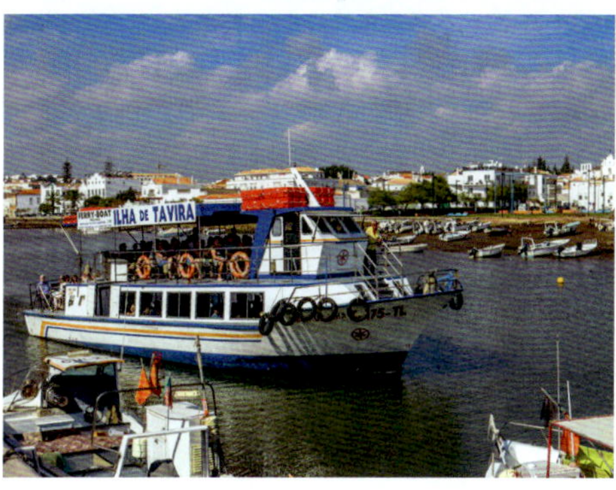

Die Boote verkehren in der Saison etwa stündlich (außer mittags) von 9:00-18:30. Das Ticket für die einfache Fahrt kostet € 1,30 (Hin- und Rückfahrt: € 2). Ganzjährig angeboten wird die Fährverbindung vom weiter östlich an der Flussmündung gelegenen Jachthafen Quatro Águas (Fahrtzeit 5 Min.), Fahrpläne zu beiden Verbindungen unter 💻 www.silnido.com.

Die Überfahrt vom Stadtzentrum zur Ilha de Tavira dauert etwa 15 Min. und führt durch die einzigartige Wattlandschaft und Salzwasserlagune des Naturparks Ria Formosa. Von Deck aus lassen sich Störche und Flamingos beobachten.

Vom Bootsanleger folgen Sie dem Plattenweg durch ein lichtes Wäldchen vorbei am ⛺ Parque de Campismo sowie mehreren ✕ Restaurants und Geldautomaten und kommen dann zwischen dem ✕ Restaurant Ria de Formosa und der 🍷 Sunshine Bar hindurch auf Holzplanken bis zur 🍷 Costabeach Bar mit Strandliegen- und Sonnenschirmverleih am 🏊 Strand ❷.

✕ Ria de Formosa, Ilha de Tavira, 8800 Tavira, ☏ 281 32 40 56, 🚪 täglich ab 7:00
🍷 Sunshine Bar, Ilha de Tavira, 8800 Tavira, ☏ 969 20 90 25 🚪 Mo-Sa ab 9:00
♦ Costabeach Bar, Ilha de Tavira, 8800 Tavira, ☏ 912 52 58 58, 🚪 täglich ab 9:00

Spülsaum am Strand

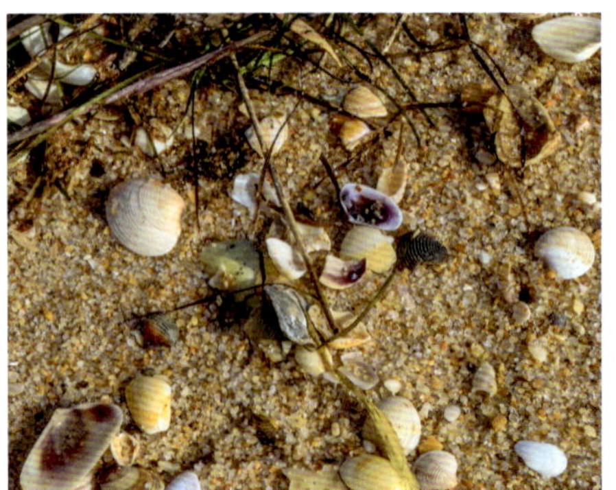

Vor Ihnen liegt nun der endlose Sandstrand, dem Sie für rund 5 km in südöstliche Richtung folgen. Möwen und Watvögel stolzieren über den Strand und im flachen Wasser wippen die Muschelfischer ihre speziellen Fangkörbe an einem langen Stiel durch den Sand und kommen von Zeit zu Zeit an den Strand, um ihren Fang zu sieben.

Ein Obelisk in den Dünen markiert in etwa die Hälfte der Strandwanderung an der Praia da Terra Estreita und es bietet sich ein weites Panorama mit Blick über die Wattlandschaft der Ria Formosa zwischen der Ilha da Tavira und dem Festland und die Berge des Hinterlands.

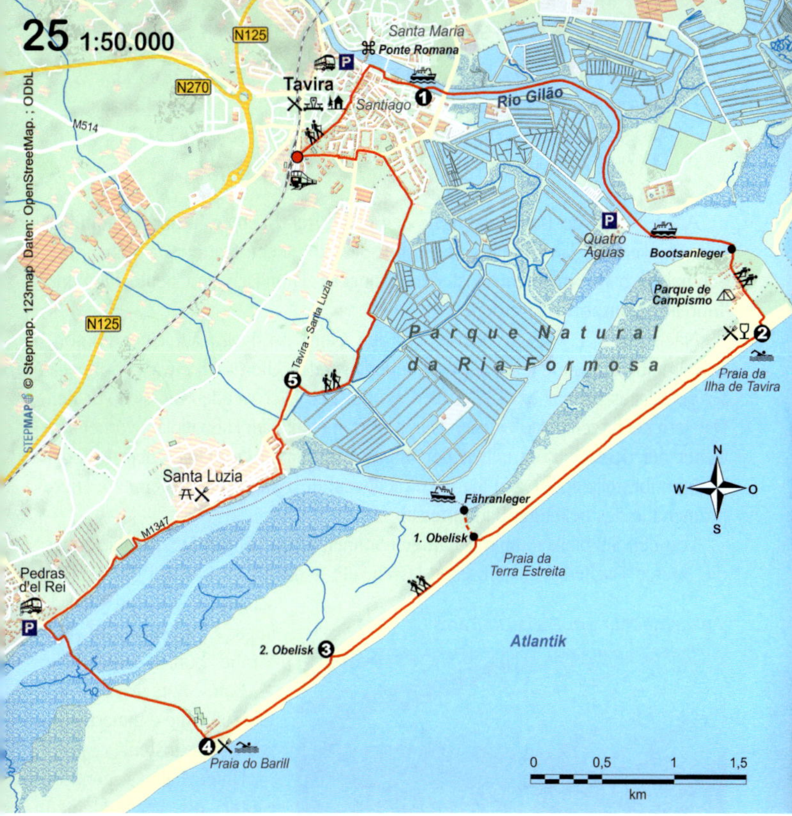

> Der Bohlenweg führt zu einem Fähranleger, von dem im Sommer eine Verbindung in den Badeort Santa Luzia besteht.

Sie setzen Ihre Wanderung am Meer fort und gut 2,5 km nach dem zweiten Obelisk in den Dünen ❸ erreichen Sie ein Feld in den Dünen hinter der Praia do Barril mit aufgereihten, verrosteten Ankern. Der sogenannte „Ankerfriedhof" erinnert an die einstige Thunfischfangstation. In den beiden zu den Restaurants Peixe & Petiscos und Museu Do Atum umfunktionierten Gebäuden der ehemaligen Küstenwache können Sie sich für den Rückweg nach Tavira stärken ❹.

✕ Peixe & Petiscos, Praia do Barril, 8800-531 Santa Luzia, ☏ 281 38 06 00, keine festen Öffnungszeiten

♦ Museu Do Atum, Praia do Barril, 8800-531 Santa Luzia, ☏ 964 53 01 35, täglich ab 10:00

An der Praia do Barril sagen Sie dem Sandstrand Lebewohl und laufen über den Plankenweg landeinwärts. Er führt Sie zu einem Plattenweg neben der Schmalspurbahn, mit dem einst der gefangene Thunfisch und heute fußmüde Touristen transportiert werden.

Nach gut 1,1 km überqueren Sie den Canal de Tavira auf einer Ponton-Schwimmbrücke und laufen am gegenüberliegenden Ufer noch etwa 100 m weiter geradeaus bis zur M1347 in Pedras d'El Rei. Hier wenden Sie sich vor den Häusern nach rechts, laufen nach knapp 600 m rechts am Fußballplatz vorbei und weiter auf dem Gehweg neben der Straße nach Santa Luzia. Vor dem (wilden) Wohnmobilstellplatz biegen Sie nach rechts auf die hübsch herausgeputzte Uferpromenade des beliebten Badeortes ab.

Von den Sitzbänken unter schattigen Sonnensegeln können Sie den Blick über die bunten Fischerboote schweifen lassen, die je nach Gezeiten auf den Wellen schaukeln oder im Schlick liegen. Nebenan auf der Straße buhlen zahlreiche ✕ Cafés, Bars und Restaurants um die Aufmerksamkeit der Touristen.

Ankerfriedhof am Praia do Barril

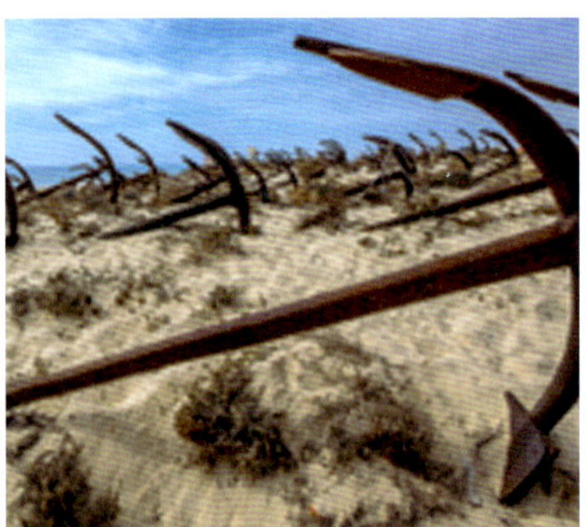

Unter Palmen geht es weiter bis zum kleinen Fischereihafen. Hinter den drei Holzhütten, in denen die Fischer ihre Netze und Gerätschaften lagern, biegen Sie nach rechts und laufen ein Stückchen weiter vor dem eingezäunten Gelände über ein paar Treppenstufen nach links hoch zur Rua da Armação do Barril und an deren Ende bei den beiden Restaurants nach rechts auf dem Fußweg am linken Straßenrand weiter.

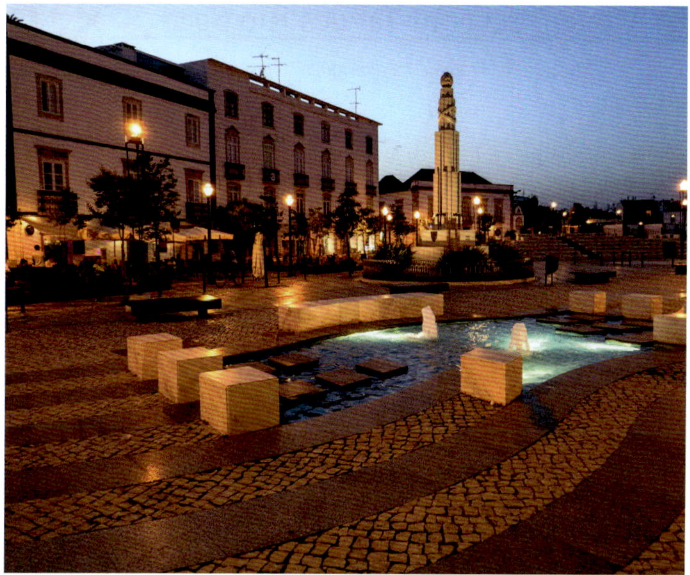

Der Praça da República bildet den Mittelpunkt der historischen Altstadt von Tavira

Etwa 150 m hinter dem Ortsausgang biegen Sie dann nach rechts auf die Piste ❺ ab. Sie führt durch die Salzsalinen, in denen Salz auf traditionelle und nachhaltige Weise aus dem Meer gewonnen wird. Pumpen surren und hinter den weiten, flachen Becken türmen sich weiße Salzberge auf. An der Gabelung halten Sie sich links und laufen auf der Lehmpiste am Zaun weiter auf Tavira zu.

Nachdem Sie die Taubenvolieren passiert haben, stoßen Sie am Ende der Mauer auf die Rua dos Mártires da República, biegen aber noch davor links auf die Rua de Santo António. Sie laufen vorbei am gleichnamigen Konvent und biegen am Ende der Straße links in die Rua da Atalaia ab. Um nach der Wanderung noch in einem der vielen ✕ Restaurants am Flussufer einzukehren, wenden Sie sich hier nach rechts. Um direkt zum Bahnhof zurückzukommen, folgen Sie dem Wegweiser „estacao da c.p.“ nach links und biegen gleich am Zebrastreifen nach rechts auf die Rua Maria Campina und kommen, den folgenden Kreisverkehr geradeaus überquerend, bald zurück zum Bahnhof.

㉖ Weite Blicke im Tal des Rio Seco

Einfacher Rundweg für Freunde mediterraner Landschaft und weiter Aussichten

Es kommen nur wenige Touristen nach Corte António Martins, das gerade einmal 7 km Luftlinie von der Küste entfernt liegt. Die Wanderung rund um eine Hochebene am Fuße des Cerro da Boa Vista bietet neben großartigen Panoramen auch einen Einblick in die traditionelle Kulturlandschaft des Hinterlands.

Start/Ziel: Corte António Martins, GPS N 37°13.433' W 007°34.250'

10 km

3 Std.

295 m/295 m

90-195 m

Die Strecke ist durchgehend mit gelb-roten Markierungen gekennzeichnet.

Felswege und asphaltierte Straßen, kein Schatten

Restaurant Casa Fernanda e Campinas am Start in Corte António Martins (km 0/km 10) und Restaurant Bela Vista (km 8,5)

Picknickplatz am Sportplatz in Eira Pelada (km 9,1)

Die Tour ist für ältere Kinder mit ausreichend Kondition geeignet, aufgrund der überwiegend breiten Pisten aber etwas eintönig.

Die Tour ist grundsätzlich für ausreichend trainierte Hunde geeignet. Der Rio Seco führt nur periodisch Wasser, daher ausreichend Wasser mitnehmen.

P Parkmöglichkeiten auf dem zentralen Platz in Corte António Martins; Anfahrt aus Tavira über die N125 in östliche Richtung bis Vila Nova de Cacela, im Zentrum links ab auf die M509 und in nördliche Richtung unter der Autobahn durch und vorbei am Golfplatz Monte Rei nach Corte António Martins. Als alternativer Startpunkt bietet sich die Gemeinde Eira Pelada mit guten Parkmöglichkeiten am Sportplatz an, GPS N 37°13.332' W 007°33.863'.

Die Wanderung beginnt auf der platzartigen Straßenerweiterung direkt hinter dem Ortsschild von Corte António Martins. Laufen Sie gegenüber dem Restaurant Casa Fernanda e Campinas vor der gelben Fassade der Bar Dancing O Amigo nach rechts.

Casa Fernanda e Campinas, M509, 8900 Manta Rota, ☏ 281 95 17 70, Do-Di 11:30-15:00 und ab 19:30

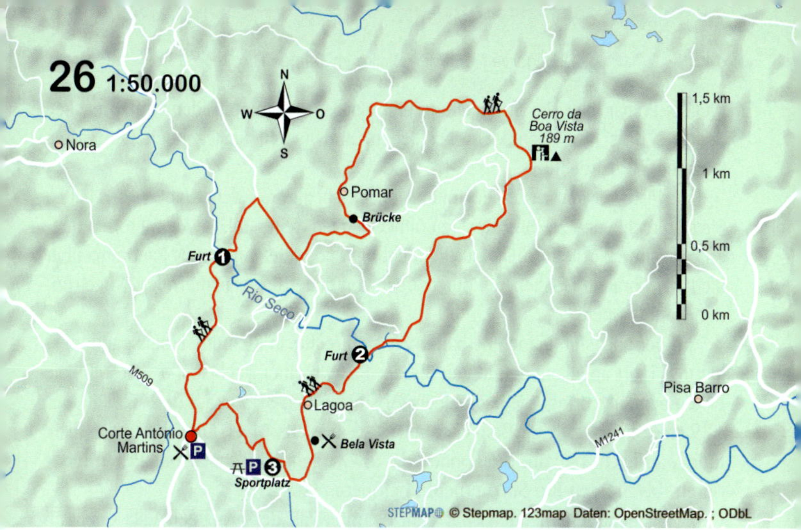

26 1:50.000

N
W
O
S
Nora
Pomar
Brücke
Cerro da Boa Vista 189 m
Furt 1
Rio Seco
Furt 2
Lagoa
Bela Vista
Corte António Martins
Sportplatz 3
M509
M1241
Pisa Barro
1,5 km
1 km
0,5 km
0 km
STEPMAP © Stepmap. 123map Daten: OpenStreetMap. ; ODbL

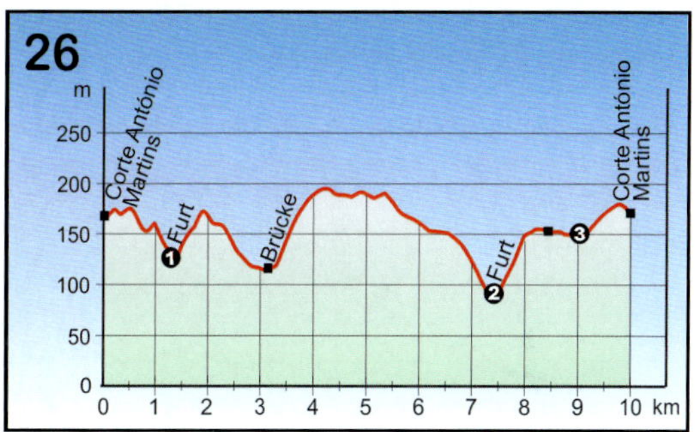

Die Straße geht in eine unbefestigte Piste über und macht eine Rechtskurve.

An der Gabelung nach knapp 400 m halten Sie sich rechts und an der kurz darauf folgenden hinter dem gelben Gebäude zur Wasserversorgung links. Die Besiedlung hört auf und die Piste führt hinab zu einer Furt über den Rio Seco ❶. Am Ufer des Flussbetts, das die meiste Zeit des Jahres trockenfällt, wächst Oleander.

Auf der gegenüberliegenden Seite geht es wieder hoch bis zu einer breiten Piste und auf dieser nach rechts weiter. An der folgenden Gabelung orientieren Sie sich am Wegweiser Richtung Pomar nach links. Die Piste führt nach einer engen Linkskurve hinab zu einer Brücke und anschließend wieder hoch zu den Häusern des

Weilers Pomar. Nur die Stromleitung und ein paar Hühner auf der Straße machen deutlich, dass hier noch Menschen leben, und in den umliegenden Obstgärten wachsen Zitrusfrüchte.

Die Piste gewinnt weiter an Höhe. An der Gabelung vor dem weißen Haus halten Sie sich rechts und zu Ihrer Rechten öffnet sich ein weites Tal. Bei dem großen Bauernhof schwenkt die Piste in östliche Richtung und bietet ein breites Panorama über die karge, braune Hochebene, durchzogen von den grün schimmernden, kugelrunden Baumkronen.

An der nächsten Gabelung halten Sie sich rechts in Richtung Hochspannungsleitung. Dort angekommen folgen Sie der Piste in einer Rechtskurve (die schmale Piste nach links bringt Sie nach einem Abstecher von 300 m auf den „Gipfel" des 189 m hohen Cerro da Boa Vista mit Blick bis aufs Meer) und die breite Piste führt nun leicht bergab. Sie können die abzweigenden, schmaleren Pisten ignorieren, bis Sie den Rio Seco erneut überqueren ❷.

Am gegenüberliegenden Ufer geht es unterhalb der protzigen Villa oben am Hang in einer Kurve hoch zu den Häusern. Bei der T-Kreuzung halten Sie sich links und erreichen das ✗ Restaurant Bela Vista.

Leicht geschwungenen Hügelkuppen prägen die Landschfaft im Hinterland

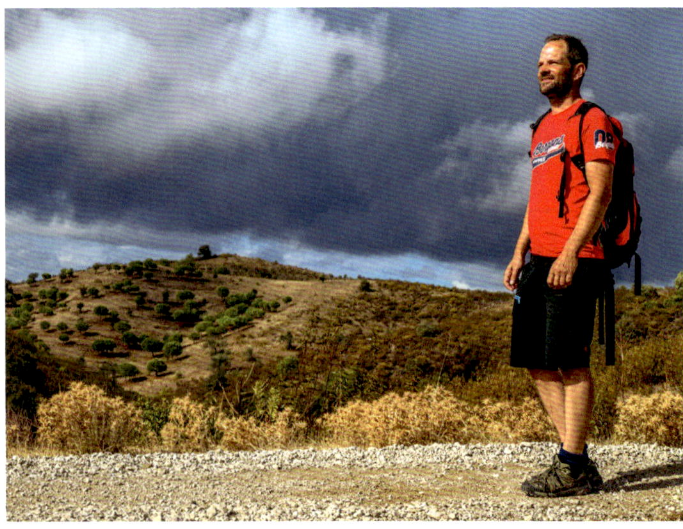

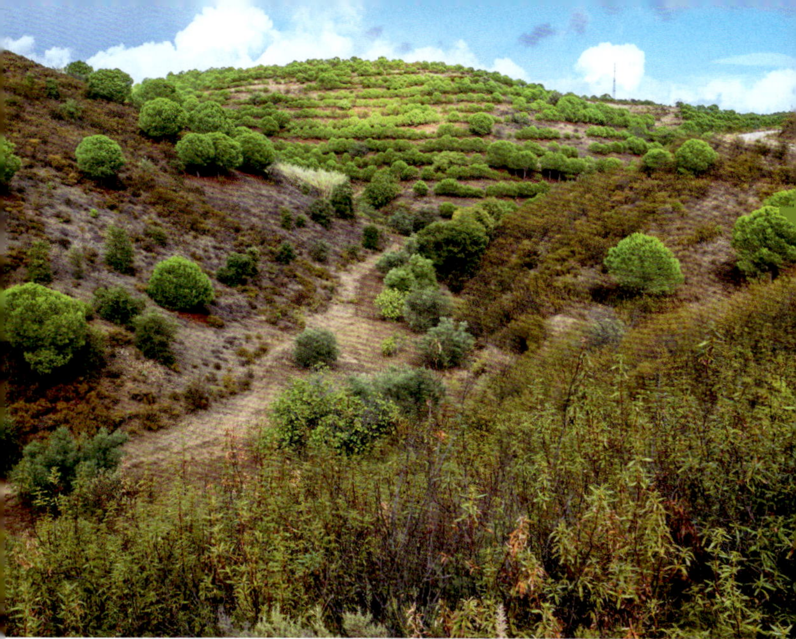

Wie Kugel liegen die Kiefern in der Landschaft

✕ Bela Vista, Corte António Martins, 8900-067 Vila Nova de Cacela, Portugal, ☏ 927 57 03 81, Di-So 10:30-15:00 und ab 18:30

Knapp 300 m weiter biegen Sie vor der M509 nach rechts auf einen Pfad, laufen ein kurzes Stück an der M509 entlang und biegen vor der Wander-Infotafel auf die Straße nach rechts (Wegweiser „PR1 Eira Pelada 0,8 km"). Diese führt in einer Linkskurve um den Sportplatz herum und an dem kleinen Picknickplatz dahinter vorbei ❸.

An der folgenden Gabelung halten Sie sich links und 100 m weiter an der asphaltieren Straße rechts. An der folgenden T-Kreuzung hinter den Häusern biegen Sie nach links und folgen der Straße immer geradeaus für gut 300 m zurück zum Ausgangspunkt.

27 Mandelbäume bei Alta Mora

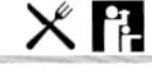

Rundwanderung für Naturfreunde

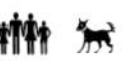

Pate für den Namen dieser Wanderung sind die zahlreichen Mandelbäume rund um Funchosa. Besonders reizvoll ist eine Wanderung daher in den Monaten Januar und Februar, wenn die Mandelblüte die Landschaft in ein weiß-rosa Farbenmeer taucht. Allerdings müssen Sie in dieser Zeit bei den beiden Überquerungen der Ribeira de Beliche mit nassen Füßen rechnen.

- Start/Ziel: Straßenkreuzung an der Bushaltestelle an der M512 in Alta Mora, GPS N 37°18.366‘ W 007°35.546‘
- 11,2 km
- 3 Std. 30 Min.
- 435 m/435 m
- 120-265 m
- Die Strecke ist durchgehend mit gelb-roten Markierungen als PR8 gekennzeichnet.
- unbefestigte Schotterpisten und asphaltierte Straßen
- Snackbar Pinto (km 4,8)
- keine Rastmöglichkeiten
- Die Tour ist aufgrund der Distanz und fehlender Abwechslung nicht besonders attraktiv für Kinder.
- Die Tour ist für Hunde mit ausreichend Kondition geeignet. Der Rio Beliche bietet eine gute Erfrischungsmöglichkeit. Problematisch sind aber die frei laufenden Hunde in den Ortslagen.
- Die Bushaltestelle in Alta wird nur sporadisch aus Castro Marim bedient, daher gibt es keine praktikable Alternative zur Anreise mit dem eigenen Pkw.
- P Parkmöglichkeit am Straßenrand in Alta Mora; Anfahrt über die A22 bis zur Ausfahrt 18 und auf der IC27 Richtung Odeleite für gut 22 km nach Norden, dann Ausfahrt Richtung Azinhal/Sentinela und links auf die M512 nach Alta Mora. Alternativ kann die Tour auch am westlichen Ende bei der Snackbar Pinto begonnen werden, GPS N 37°18.269‘ W 007°37.333‘.

Nachdem Sie das Auto im Örtchen Alta Mora am Straßenrand geparkt haben, beginnen Sie die Wanderung auf der Straßenseite mit den Glas- und Papiersammelcontainern und biegen hinter der Übersichtkarte zu den örtlichen Wanderwegen nach rechts auf die unbefestigte Piste Richtung Solheira ab.

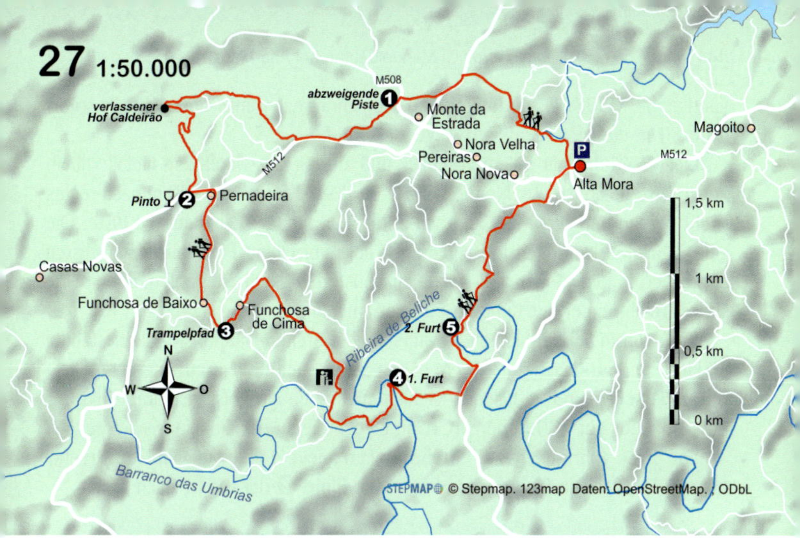

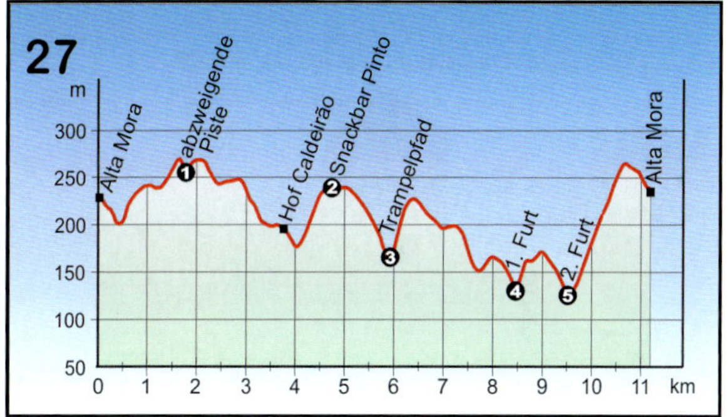

An der Gabelung gleich nach 50 m halten Sie sich rechts und laufen in einer Linkskurve bergab in ein Tal. An der Gabelung hinter dem Bachbett halten Sie sich dann links und folgen der scharfen Rechtskurve auf zwei Gebäude zu. Dort laufen Sie hinter dem Schuppen und vor dem Wohnhaus nach links auf die Zufahrtsstraße.

Diese führt nach gut 500 m zu einer T-Kreuzung mit einer Straße, auf der Sie die Wanderung nach links fortsetzen. Hinter dem Ortsschild „Monte da Estrada" verlassen Sie die Straße nach rechts auf die ansteigende Piste unterhalb einer Windmühlenruine. Nachdem die Hügelkuppe überquert ist, stehen Sie an der

Landstraße M508. Diese überqueren Sie schräg nach links und nehmen sofort nach 50 m die nach rechts abzweigende Piste ❶.

Der Weg führt mit tollem Weitblick und zum Schluss kräftigem Gefälle hinab zur nächsten Landstraße. Nun folgen Sie der M512 für knapp 300 m nach rechts leicht bergan und verlassen Sie noch in der Kurve nach rechts auf die Piste. Die gelb-roten Markierungen leiten Sie nach links auf einem Pfad um den nächsten Hügel herum, Sie können aber auch einfach auf der Piste weiterlaufen, denn beide Wege treffen hinter der Kuppe wieder zusammen.

Im weiteren Verlauf bleiben Sie stets auf der breiten Hauptpiste, die beständig an Höhe verliert. Nach gut 650 m halten Sie sich an der T-Kreuzung bei mehreren verlassenen und verfallenen Gebäuden des Bauernhofs Caldeirão links. Es geht noch für gut 200 m bergab, dann biegen Sie an der Gabelung nach rechts.

Die Piste führt hoch zur Straße in Pernadeira (oben an Gabelung rechts halten). Dort folgen Sie vor der 🍷 Snackbar Pinto ❷ der M512 nach links.

🍷 Pinto, M512, 8950-329 Pernadeira, ☏ 281 49 55 75, keine festen Öffnungszeiten

Wegweiser an der Straßenüberquerung bei der M 508

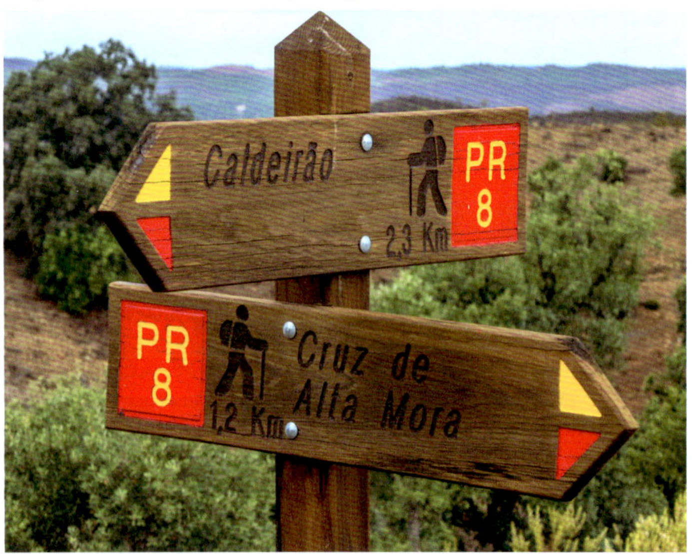

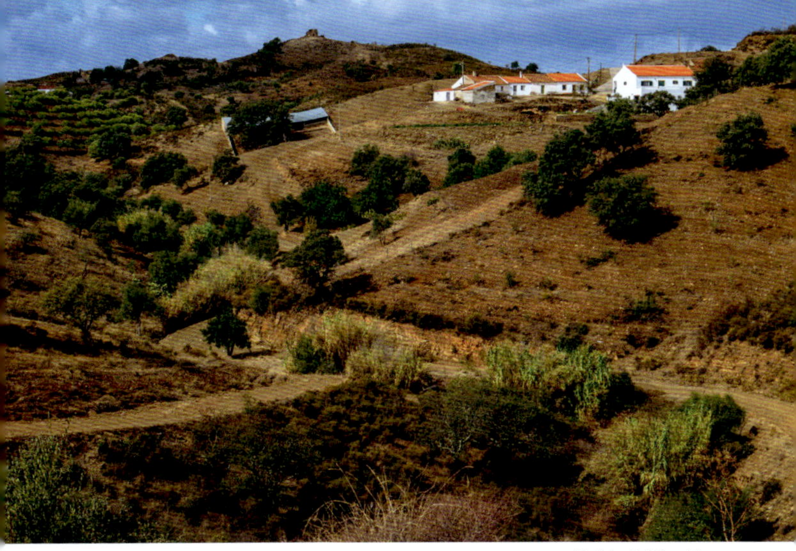

Hof bei Alta Mora

An der Kreuzung hinter dem Buswartehäuschen laufen Sie beim Wegweiser „Funchosas“ nach rechts auf eine kleinere Straße.

An der folgenden Gabelung halten Sie sich rechts in Richtung Funchosa de Baixo. Das Dorf scheint zum größten Teil verlassen und Sie passieren eine Reihe von verfallenen Häusern. An der Gabelung beim letzten (bewohnten) Haus biegen Sie links ab und an der folgenden Gabelung laufen Sie zwischen den beiden Pistenzweigen hoch auf den überwachsenen Trampelpfad, der an einer markant gekrümmten Eiche vorbeiführt ❸.

Oben an den Häusern von Funchosa de Cima werden Sie von den kläffenden Dorfhunden begrüßt und laufen zwischen den Häusern durch zum Brunnen. Dahinter biegen Sie zwischen den Häusern nach rechts ab und laufen parallel zur „Hauptstraße“ des Weilers nach Nordosten. Nach rund 200 m biegen Sie am Ende des Dorfes vor dem Schulgebäude nach rechts auf die abfallende Piste (Wegweiser „Alta Mora 5 km“).

Entlang des folgenden Streckenabschnitts wachsen besonders viele Mandelbäume. Sie folgen der breiten Hauptpiste und lassen die kleineren Seitenpisten links bzw. rechts liegen. Nach gut 800 m haben Sie einen fantastischen Panoramablick über eine beeindruckende Flussschleife der Ribeira de Beliche, die sich ein tiefes Tal gegraben hat.

Sie laufen zunächst oberhalb des Flussufers weiter und steigen dann hinab zu einer Furt ❹. Im Sommer stellt die Überquerung kein Problem dar, im Frühjahr und nach starken Regenfällen dagegen sind nasse Füße garantiert und Sie werden Socken und Schuhe ausziehen müssen, um ans gegenüberliegende Ufer zu gelangen.

Dort geht es naturgemäß wieder bergan. Oben treffen auf eine Straße, der Sie nach links hinab in Richtung Brücke folgen. Biegen Sie dann schon weit davor nach links auf die Piste, die Sie hinab zu einer weiteren Furt über den Fluss führt ❺.

An der Gabelung auf der gegenüberliegenden Seite halten Sie sich rechts und starten, immer der breiten Hauptpiste folgend, den Anstieg nach Alta Mora. Nach rund 1,1 km und über 130 Höhenmetern erreichen Sie eine T-Kreuzung oberhalb der M512 und halten Sie sich rechts.

An der folgenden Kreuzung zweigt ein weiterer markierter Wanderweg (PR7, Caminhos da cabra algarvia = „Weg der Algarve-Ziege“, ca. 15 km) nach rechts ab. Hier wandern Sie weiter geradeaus auf die Häuser von Alta Mora zu und davor nach links. Nach rund 170 m erreichen Sie dann die M512 und kommen nach rechts zurück zum Startpunkt.

Eindrucksvolle Flussschleife der Ribeira de Beliche

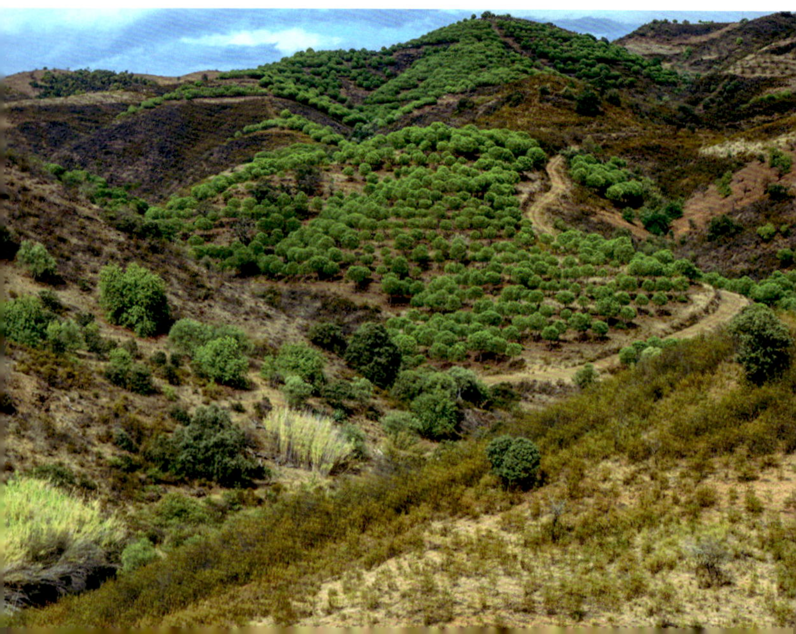

28 Hügelland am Guadiana

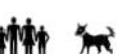

Hügellandrunde für Wanderlustige

Die Wanderung beginnt hoch über dem Ufer des Rio Guadiana, der sich in mächtigen Schleifen durch die Landschaft windet. Vom Aussichtspunkt geht es gemächlich ansteigend durch die einsamen, mit Zistrosen bewachsenen Hügeln zu den abgeschiedenen Dörfern Torneiro und Balurco de Baixo im Landesinneren. Von dort führen breite Pisten mit schöner Aussicht zurück an den Grenzfluss. Unterwegs gibt es alles zu sehen, was das Hinterland der Algarve so reizvoll macht: von Schmetterlingen, über Blumen, bis hin zu Ziegen und nicht zu vergessen natürlich die panoramaweiten Ausblicke über Hügel und Fluss.

Start/Ziel: Aussichtspunkt Miradouro do Pontal, GPS N 37°25.353‘ W 007°27.309‘

13,5 km

3 Std. 30 Min.

400 m/400 m

10-220 m

Die Strecke ist durchgehend mit gelb-roten Markierungen als PR2 gekennzeichnet.

meist breite Schotterpiste, kaum Schatten

keine Einkehrmöglichkeiten

Rastplatz mit Tischen und Bänken am Miradouro (km 0/km 13,5)

Länge und fehlende Abwechslung am Wegesrand machen diese Tour nicht zur ersten Wahl für Wanderungen mit Kindern.

Die Tour ist aufgrund der Länge und fehlender Erfrischungsmöglichkeiten eher ungeeignet für Hunde.

P Ausreichend Parkmöglichkeiten am Aussichtspunkt; für die Anfahrt vor dem Ortseingang von Alcoutim auf die M507 und für knapp 7 km am Fluss entlang; bei der Anreise aus südlicher Richtung auf der IC27 nach Norden Richtung Odeleite bis zur Ausfahrt „Portela Alta/Almada de Ouro“, den braunen Schildern „Foz de Odeleite“ folgen und von dort weiter auf der M507 flussaufwärts. Die Tour lässt sich auch in Balurco de Baixo starten, parken können Sie hier entlang der N122, GPS N 37°25.528‘ W 007°30.457‘.

Nach der ausreichenden Würdigung des Panoramas über den rund 200 m breiten Guadiana starten Sie Ihre Wanderung vom Aussichtspunkt auf der M 507 in südwestliche Richtung (Wegweiser „Torneiro 4,3 km“) und biegen nach knapp 250 m (hinter dem Felsendurchbruch und vor den Leitplanken) nach rechts auf die Piste.

Diese führt bergan und bald öffnet sich zu Ihrer Rechten erneut der Blick über eine weite Flussschleife des Rio Guadiana. An der größeren Gabelung hinter einer Hausruine laufen Sie geradeaus weiter.

Rund 550 m nachdem Sie einen kleinen, periodischen Bach überquert haben, der nur nach starken Regenfällen Wasser führt ❶, erreichen Sie eine Gabelung, an der Sie sich rechts halten, und Sie laufen auf der Hauptpiste weiter.

Diese führt Sie oberhalb von einem Ziegenstall mit grünem Dach daran vorbei und Sie laufen links an der Zufahrt vorbei auf der Piste weiter. Im weiteren Verlauf gesellen sich von hinten kommend erst von links, dann von rechts zwei weitere Pisten hinzu und Sie laufen immer weiter geradeaus in das kleine Örtchen Torneiro.

An der Gabelung in der Ortsmitte ❷ laufen Sie nach links, lassen die nach rechts verlaufende Asphaltstraße (M 1057) rechts liegen und laufen hinter den letzten Häusern an der Wegauffächerung geradeaus weiter.

Der schöne Weg wird von einer Steinmauer und Eichen gesäumt und auf den weitläufigen Terrassenflächen links und rechts weiden Schafe. Bald werden

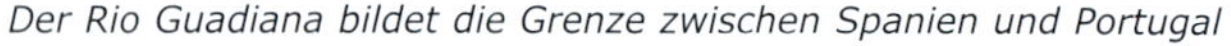

Der Rio Guadiana bildet die Grenze zwischen Spanien und Portugal

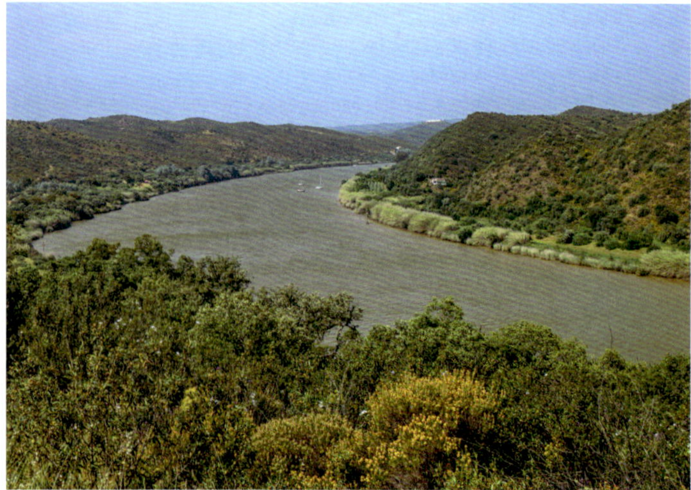

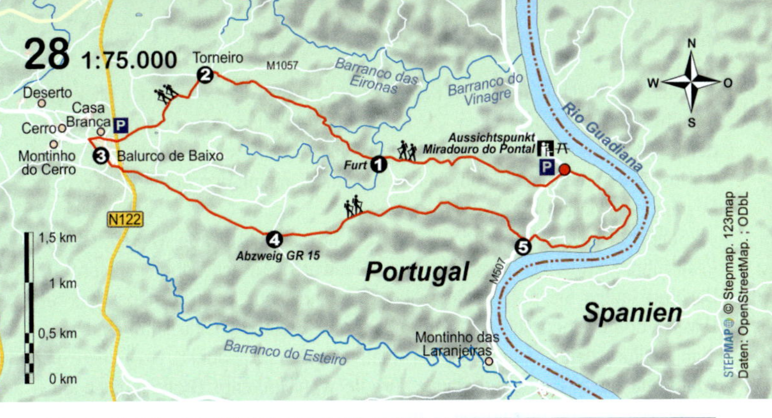

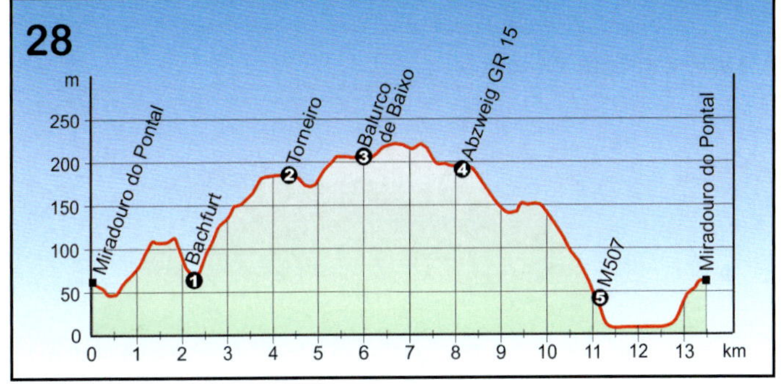

voraus die Häuser des nächsten Zwischenziels sichtbar und Sie marschieren geradewegs nach Balurco de Baixo.

Am Ortseingang überqueren Sie die N122 und laufen geradeaus weiter bis zum ehemaligen Waschhaus und Brunnen des Ortes ❸. Hier wenden Sie sich scharf nach links und laufen an den Obstgärten an der Rückseite der Häuser vorbei. An der Kreuzung vor dem Altersheim Centro de Dia Maria Ribeiro Vicente laufen Sie geradeaus und treffen wieder auf die N122. Diese überqueren Sie schräg nach rechts und nehmen dann gleich beim Ortsausgangsschild die nach links abzweigende, leicht ansteigende Piste (Wegweiser „Miradouro 7,2 km").

An der nächsten Gabelung (unmarkiert) halten Sie sich rechts und können den weiten Blick über die Landschaft genießen. An der folgenden Wegauffächerung ❹ geht es geradeaus weiter, nach rechts zweigt der GR 15 ab.

Die Piste verläuft auf einem Kamm zwischen zwei Tälern und der Blick kann frei über die Hügel schweifen. Zu Ihrer Linken blitzt auf der gegenüberliegenden Talseite das grüne Dach des Ziegenstalls vom Hinweg durch die Pinien und voraus rücken die Mäanderbögen des Rio Guadiana mit den weißen Flecken der Segeljachten darauf in den Blick.

Schließlich erreichen und überqueren Sie die Landstraße M 507 ❺. Die Piste führt Sie in einer Kurve Richtung Guadiana. An der Gabelung hinter der Bachfurt laufen Sie nach rechts weiter. Der herrliche Weg führt parallel zum Wasser durch einen schönen Olivenhain am fruchtbaren Flussufer und steigt zum Schluss dann hinauf zum Rastplatz am Aussichtspunkt, wo neben dem Panorama auch Tisch und Bänke für die wohlverdiente Brotzeit nach einer fordernden Wanderung auf Sie warten.

Auf dem Weg nach Torneiro

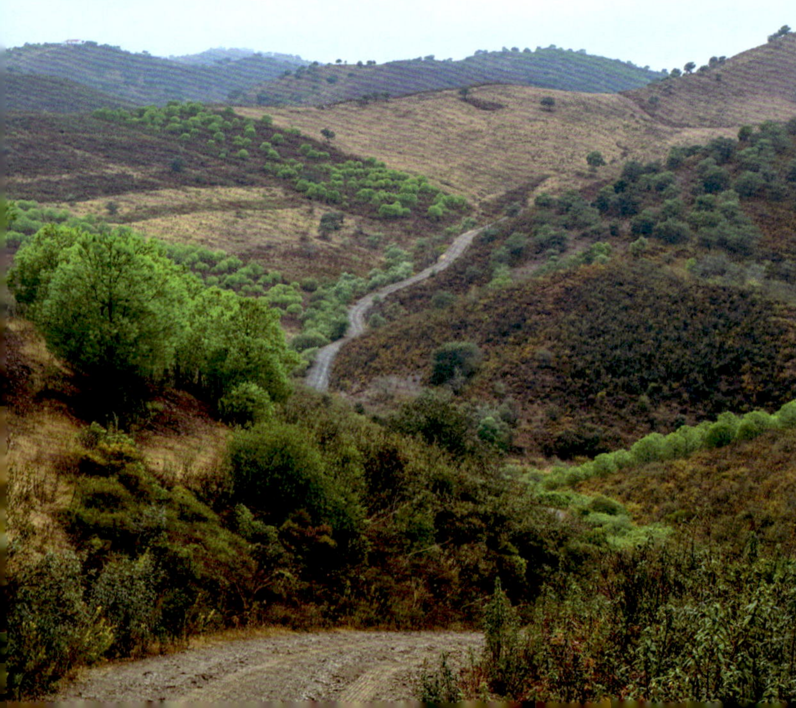

29 Nationalwald bei Odeleite

Wanderung für Wald- und Flussliebhaber

Der Name „Terras da Ordem" für den Nadelwald am östlichen Rand der Serra do Caldeirão erinnert an seine religiöse Vergangenheit. Einst im Besitz des Christus-Ordens wurde der Wald nach der Auflösung des Ordens im ersten Drittel des 19. Jh. verstaatlicht und zeichnet sich seit den umfangreichen Forstmaßnahmen in den 1970er-Jahren durch eine umfangreiche Flora und Fauna aus. Diese abwechslungsreiche Runde verbindet schattige Abschnitte unter Kiefern mit den fruchtbaren Obst- und Gemüsegärten an den Ufern der Flüsse Foupana und Odeleite.

Start/Ziel: Picknickplatz am Nationalwald (Mata Nacional) Terras da Ordem
GPS N 37°21.313' W 007°30.384'

13,9 km

4 Std.

400 m/400 m

10-165 m

Die Strecke ist durchgehend als Wanderweg PR5 gelb-rot markiert.

überwiegend breite Wege und Pisten, kurze Abschnitte auf Asphaltstraßen, zu Beginn und am Ende der Wanderung etwas Schatten

mehrere Restaurants in Odeleite, z. B. Restaurant O Camponês (km 9) oder Restaurant Bela Vista auf der gegenüberliegenden Straßenseite

schattiger Picknickplatz am ehemaligen Forsthaus (km 0/km 13,9), Sitzbänke in Odeleite (km 9), unterwegs ansonsten keine Sitzgelegenheiten

Bademöglichkeit im Fluss Foupana (km 3,4)

Die Tour ist für Familien mit älteren Kindern geeignet. Durch „Weglassen" des Abstechers nach Odeleite lässt sich die Wanderung um knapp 3 km verkürzen.

Die Tour ist für Hunde, die kein Problem mit der Länge haben, gut machbar, die Nähe zu den Flüssen bietet gute Trink- und Erfrischungsmöglichkeiten.

Aufgrund der nur sehr sporadischen Busverbindungen nach Odeleite (an der Strecke zwischen Vila Real de Santo António und Alcoutim) gibt es für die Anreise praktisch keine Alternative zum eigenen Pkw.

P Parkmöglichkeiten am Picknickplatz; Anfahrt von Castro Marim über die IC27 Richtung Alcoutim, hinter Odeleite die Ausfahrt „Furnazinhas/Tenência" nehmen, an der T-Kreuzung links auf die N122 Richtung Odeleite und nach 200 m gegenüber von der Bushaltestelle bei dem Infoschild mit Sitzbank links auf die Schotterpiste bis zum

Picknickplatz am Wachturm. Als alternativer Startpunkt für die Tour bietet sich Odeleite an, GPS N 37°20.077‘ W 007°29.450‘.

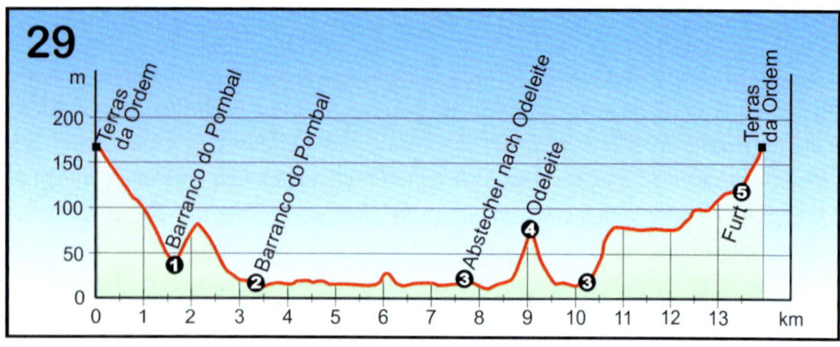

Die Wanderung beginnt am ehemaligen Forsthaus (Casa da Guarda), dessen Gebäude dem Verfall preisgegeben sind. Vom Picknickplatz folgen Sie vor der Zufahrtspiste zum Wachturm dem Wanderwegweiser „PR5 Tenência 2,5 km“ nach links auf die leicht bergabführende, breite Piste.

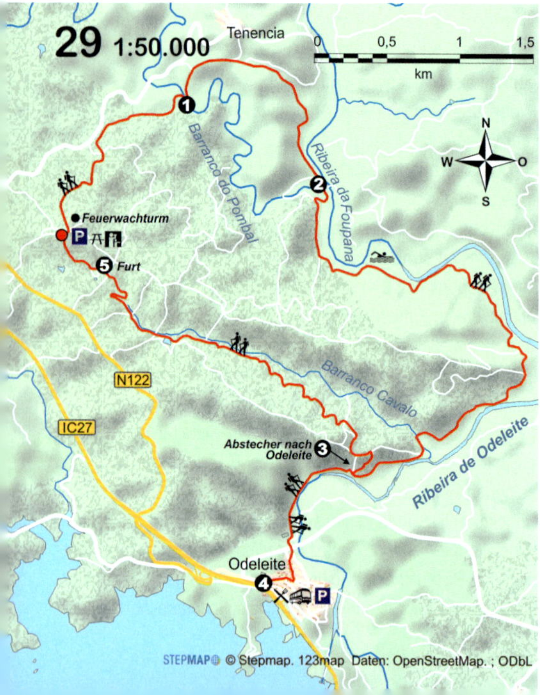

An der Kreuzung nach 750 m geht es geradeaus auf der breiten Piste weiter. Diese beschreibt in der Folge eine Rechtskurve und führt oberhalb der Straße weiter. Voraus auf dem Hügel können Sie die weißen Häuser von Tenência erkennen.

Begleitet von vielstimmigem Vogelgezwitscher wandern Sie durch lichten Nadelwald. Am Wegesrand sprießen gelber Ginster und weiße Zistrosen und rund 1,7 km nach dem Start überqueren Sie den Barranco do Pombal, der nur nach ergiebigen Regenfällen Wasser führt ❶. Sie laufen auf der gegenüberliegenden Seite auf einer Piste wieder bergan bis zu einer breiteren Piste, die links von der Straße kommt, und laufen hier nach rechts weiter bergan.

An der nächsten Gabelung unterhalb eines verfallenen Schuppens bei der Stromleitung halten Sie sich, wie auch an der folgenden Gabelung, rechts (Wegweiser „Odeleite/Foz de Odeleite") und erreichen schließlich das Flussufer der Ribeira da Foupana.

Die herrliche Flussaue empfängt Sie mit einem breiten Schilfgürtel, Obstgärten und Feldern. Olivenbäume und Steineichen säumen den Weg und sogar Wein gedeiht hier. Sie überqueren erneut den Barranco do Pombal ❷ vor seiner Mündung in die Ribeira da Foupana und halten sich an den folgenden Weggabelungen stets parallel zum Fluss. Wenn Sie möchten, können Sie an heißen Tagen auch einen Abstecher zum Flussufer unternehmen, um sich im Wasser abzukühlen. Bald tauchen auf einem Hügel am gegenüberliegenden Ufer die weißen Häuser von Odeleite auf.

Sie passieren ein prächtiges Landgut und unweit der renovierten Wassermühle von Pernadas am gegenüberliegenden Ufer fließen Ribeira da Foupana und Ribeira de Odeleite zusammen.

Ribeira de Odeleite

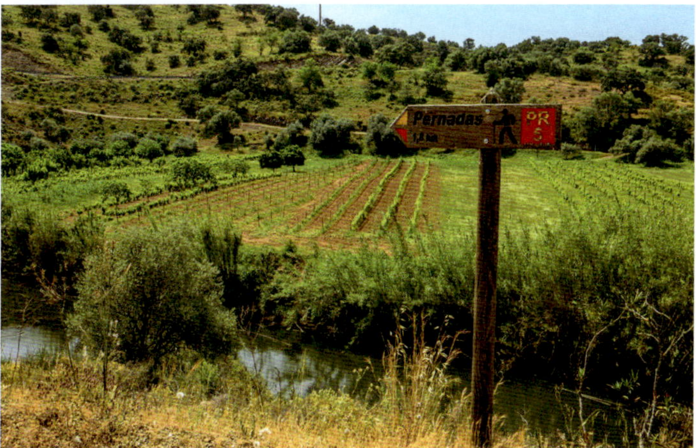

Sie setzen Ihre Wanderung am Flussufer fort und rund 700 m nachdem Sie den periodischen Barranco do Cavalo überquert haben, erreichen Sie eine Weggabelung, an der Sie der Wegweiser des PR5 nach rechts den Hang hochführen würde ❸.

↬ Dies ist der direkte Weg zurück zum Startpunkt und ohne den Abstecher nach Odeleite verkürzt sich die Tour um etwa 2,7 km.

Für die Einkehr in einem der Restaurants folgen Sie weiter der Piste am Ufer der Ribeira de Odeleite und erreichen vor der hohen Straßenbrücke einen Brunnen am Ortsrand.

Hier laufen Sie geradeaus unter der Straßenbrücke durch, halten sich an der Gabelung dahinter rechts (Rua Eufrásia Gomes) und biegen 200 m weiter rechts auf die Rua da Escola ab, die Sie hinauf zur IC27 in Odeleite bringt. Hier erwartet Sie ein schöner Ausblick auf den Odeleite-Stausee sowie das ✗ Restaurant O Camponês) ❹ und das ✗ Restaurant Bela Vista jenseits der IC27.

Odeleite liegt direkt am Ufer des gleichnamigen Stausees

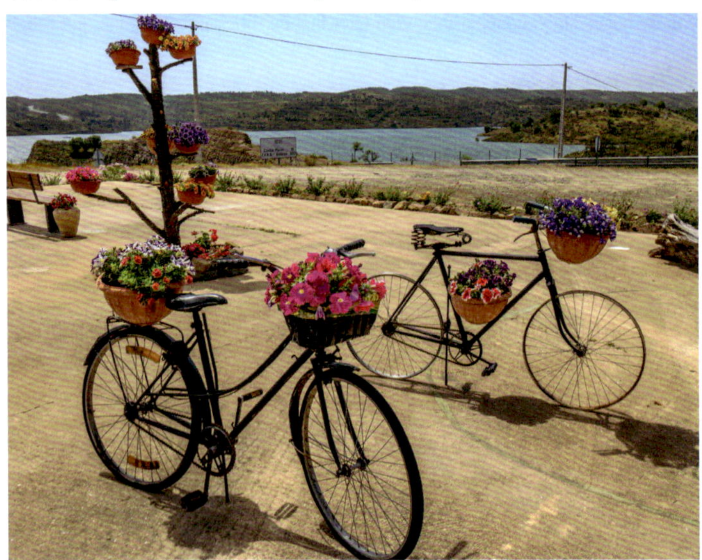

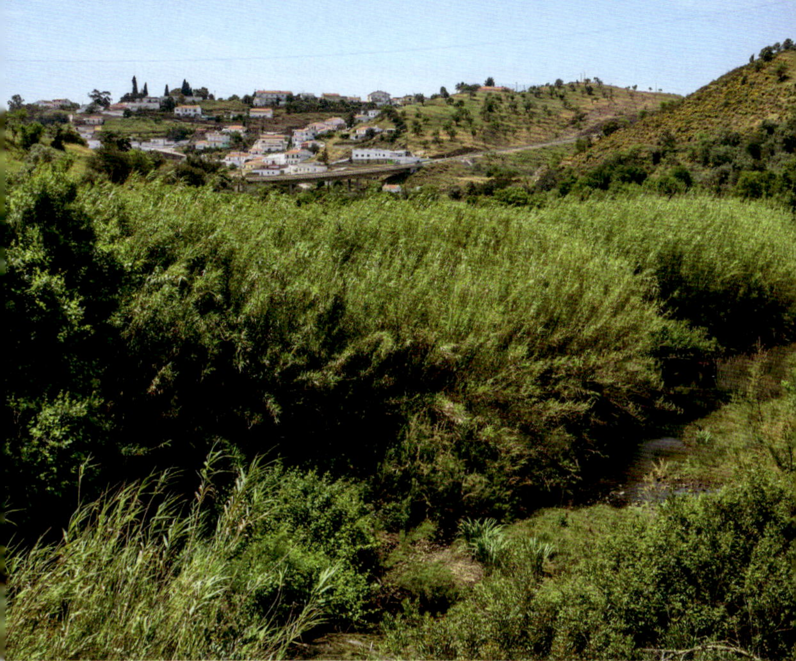

Blick auf Odeleite

✕ O Camponês, Rua Centro de Saúde 12, 8950-370 Odeleite, ☏ 281 49 58 26, Do-Di ab 9:00

♦ Bela Vista, IC27, 8950-370 Odeleite, ☏ 281 49 54 53, täglich ab 8:00)

Sie laufen den Weg zurück zu der bekannten Kreuzung am Ufer der Ribeira de Odeleite und dort nach links auf die Piste und sogleich beim Wegweiser „Casa da Guarda" nach rechts auf den Trampelpfad. Der Anstieg ist zwar nur kurz, aber ausgesprochen steil und der Untergrund besteht aus lockerem Schiefer.

Bei Regenwetter besteht erhöhte Rutschgefahr.

Oben auf dem Hügelrücken wenden Sie sich auf dem breiten Weg nach links und werden mit einem tollen Blick auf Odeleite und das Flusstal mit seinen Weinbergen, Feldern und Gärten belohnt.

An der folgenden Gabelung geht es rechts weiter und die überwachsene Piste führt Sie durch eine bunte Strauchvegetation aus Rosmarin, Lavendel, Thymian und Zistrosen im Tal des Barranco da Cavalo bergan.

Nach rund 2 km erreichen Sie eine Gabelung im lichten Kiefernwald und laufen geradeaus an dem kleinen See vorbei. Die letzte Strecke der Wanderung führt im angenehm kühlen Schatten der Bäume weiter bergan.

Gut 300 m nach einer engen Serpentine überqueren Sie den die meiste Zeit des Jahres trockenen Barranco do Fojo ❺ und kommen in einer Rechtskurve zurück zum Picknickplatz an der Casa da Guarda.

Infotafel am Eingang zum Nationalwald

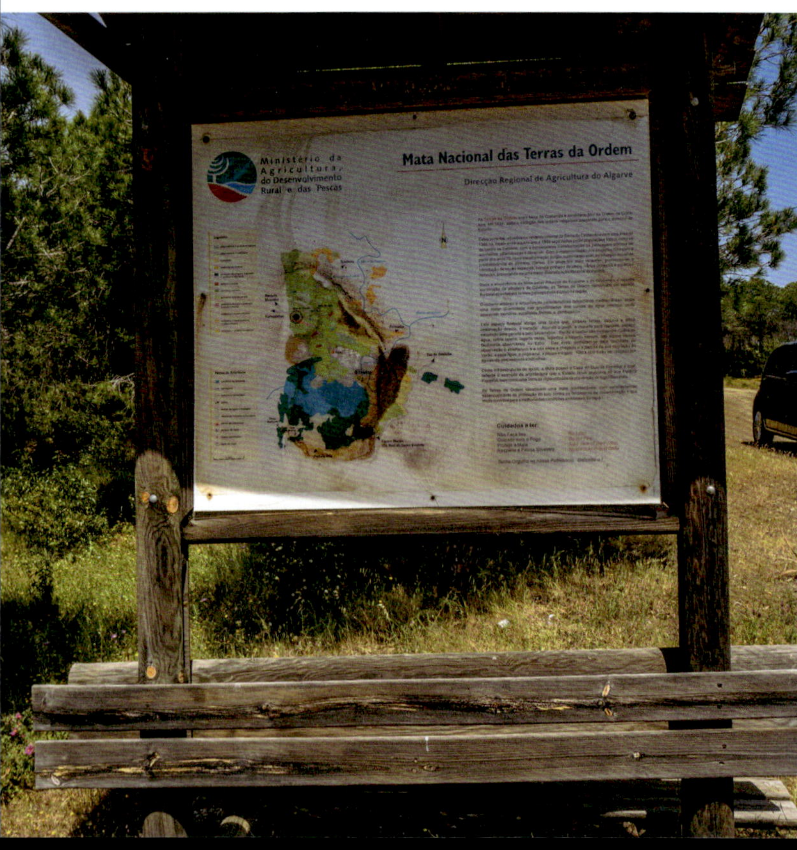

30 Panorama über dem Guadiana

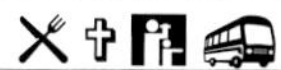

Einfache Wanderung für Liebhaber von Dorfidylle und weiten Ausblicken

Der offizielle Name Uma Jamela para o Guadiana (= „ein Fenster über dem Guadiana") dieser einfachen Rundwanderung ist treffend gewählt. Ausgehend vom lebhaften Dorf Azinhal führt die Wanderung durch Felder und Olivenhaine zu einem weiten Ausblick über den Grenzfluss Guadiana.

Start/Ziel: Start am zentralen Marktplatz in Azinhal (Largo do Mercado), GPS N 37°17.072' W 007° 27.992'

7,6 km

2 Std.

190 m/190 m

10-105 m

Die Strecke ist durchgehend gelb-rot als Wanderweg PR3 markiert.

breite Wege und kaum befahrene Asphaltstraßen, kein Schatten

mehrere Restaurants in Azinhal, z. B. Restaurant Taberna Anastácio (km 0,1) und Pastelaria A Prova (km 0,2)

keine Sitzmöglichkeiten

Die Tour ist grundsätzlich für Wanderungen mit Kinder geeignet, bietet aber keinerlei „Attraktionen".

Die Tour ist gut für Hunde geeignet, Wasser muss aber mangels Erfrischungsmöglichkeiten am Wegesrand mitgeführt werden.

täglich bis zu fünf Busverbindungen (Linie 32) von Vila Real de Santo António über Castro Marim nach Azinhal (www.eva-bus.com/pdf/32.pdf)

P ausreichend Parkmöglichkeiten am Marktplatz in Azinhal; Anfahrt über IC27 oder N122

Sie beginnen Ihre Wanderung am Largo do Mercado in der Ortsmitte von Azinhal. Überqueren Sie den Platz in östliche Richtung und laufen Sie gegenüber der Taberna Anastácio in die Rua de Santa Bárbara.

Taberna Anastácio, Lago do Mercado, 8950-056 Azinhal, 281 49 50 28, täglich ab 8:00

Dann gehen Sie gleich an der nächsten Möglichkeit noch vor dem Rathaus mit der Poststation nach rechts.

Anschließend leitet Sie der Duft von frischem Gebäck zur ☕ Pastelaria A Prova, die sich mit ihrem leckeren, traditionellen Gebäck mit Johannisbrot, Mandeln und Feigen weit über die Grenzen des Orts hinaus einen Namen gemacht hat. Ob gleich jetzt zum Start oder erst nach der Wanderung – um die Extrakalorien ohne schlechtes Gewissen genießen zu können –, einen Stopp in der Bäckerei sollten Sie in keinem Fall versäumen.

☕ Pastelaria A Prova, Largo de Santa Bárbara 4, 8950-056 Azinhal, ☏ 281 49 56 54, Mo-Sa 9:00-19:00, So geschlossen

Laufen Sie dann am Ende des kleinen Platzes nach rechts auf der Rua de Santa Bárbara weiter und biegen Sie am Ortsende bei der ✝ Kirche nach links. 100 m weiter geht es zwischen den beiden Häusern durch nach rechts auf die unbefestigte Piste durch Wiesen und vorbei an den Ruinen der einstigen Windmühle des Dorfes ❶.

Eine markante Schrägseilbrücke überspannt den Guadiana

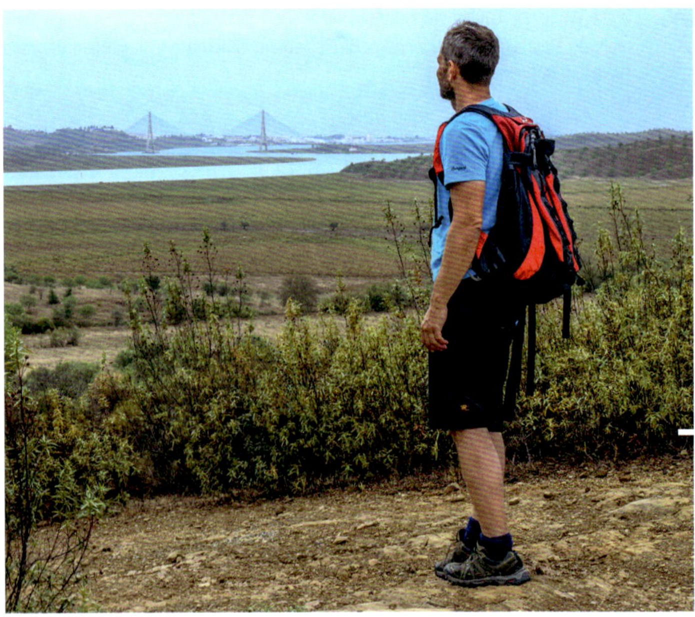

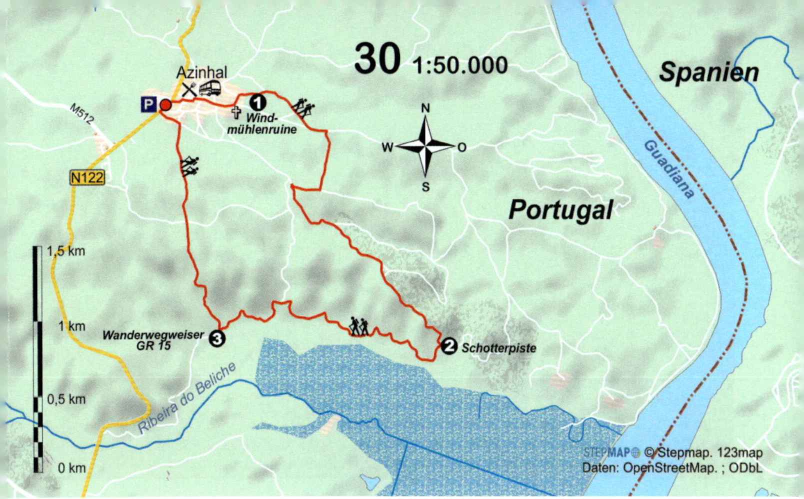

30 1:50.000

Azinhal
Windmühlenruine
Spanien
Portugal
Guadiana
M512
N122
1,5 km
1 km
0,5 km
0 km
Wanderwegweiser GR 15
Schotterpiste
Ribeira do Beliche
STEPMAP © Stepmap. 123map
Daten: OpenStreetMap. ; ODbL

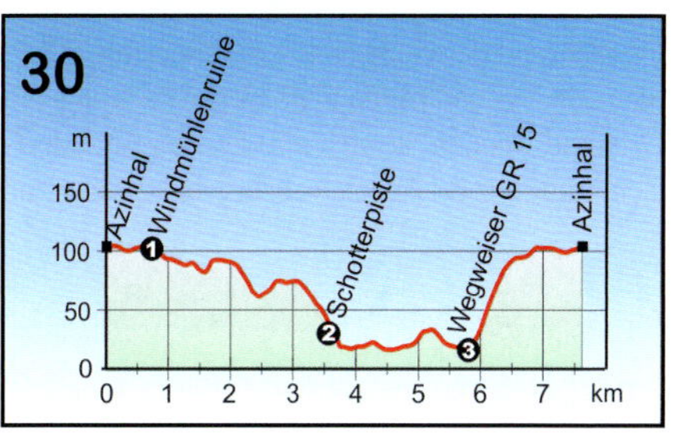

Die Piste führt Sie in einem Bogen zurück auf die Schotterpiste aus Azinhal und Sie wenden sich für etwa 125 m nach links, um dann gegenüber der Grundstückszufahrt nach rechts auf die Piste abzubiegen. Sie führt durch Wiesen, die sich während des Frühjahrs in ein buntes Blütenfarbenmeer verwandeln, und nach dem ersten leichten Anstieg auf einen Hügel taucht am Horizont erstmals die imposante Drahtseilhängebrücke der A22 über den Guadiana zwischen Portugal und Spanien auf.

Am Ende laufen Sie an der T-Kreuzung nach rechts und an der folgenden Kreuzung oberhalb eines Bauernhofs nach links weiter. Bald öffnet sich der weite Panoramablick über den Guadiana und die mächtige Straßenbrücke.

Anschließend führt die Piste leicht bergab zur weiten Ebene des Flusses Beliche, an dessen Rand Sie auf eine breite Schotterpiste treffen ❷. Hier wenden Sie sich nach rechts und kehren dem Guadiana den Rücken. Die Piste wird von Kakteen und Agaven gesäumt. Die erste, nach 1,5 km rechts berganführende Piste können Sie ignorieren und Sie erreichen gut 600 m weiter eine Wegkreuzung mit Wanderwegweiser ❸.

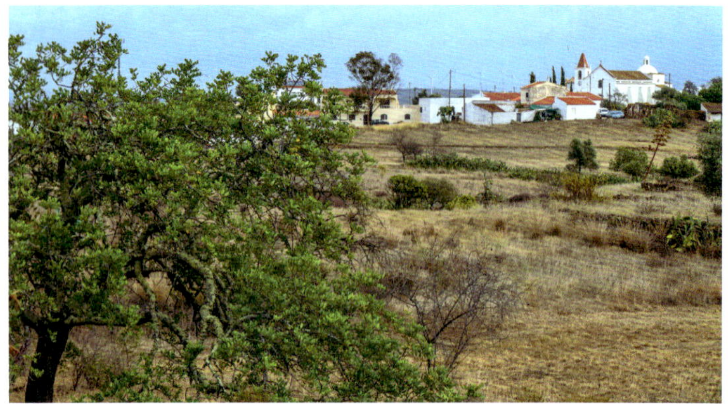

Azinhal

Während der Guadiana-Fernwanderweg GR 15 weiter geradeaus führt, biegen Sie rechts ab und laufen in nördliche Richtung zurück nach Azinhal. Am südlichen Ortsrand wenden Sie sich auf der Rua António Fernandes nach links und 150 m weiter auf der N122 nach rechts, um zurück zum Dorfplatz zu gelangen.

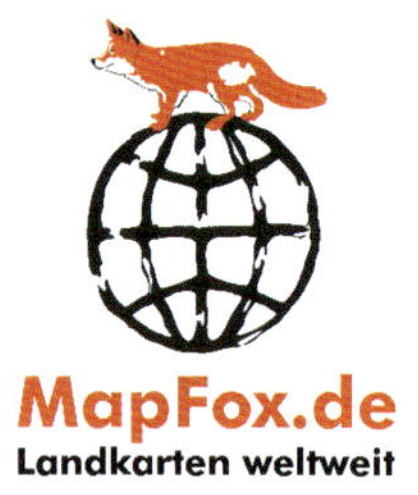